学級経営サポート BOOKS

学級を育てる

\ばっちり/

トーーーク

古舘 良純 著

明治図書

はじめに

　みなさんは，子どもたちの前に立って話す時に何を意識していますか。何を考えてお話ししていますか。

　そして，どうやってご自身の話術を磨いてきましたか。また，どうやって鍛えていますか。

　私たち教師にとって「話すこと」は仕事の大部分を占めていると言ってよいでしょう。

　朝，子どもたちと出会って交わす「おはようございます」に始まり，帰り際の「さようなら」まで，1日の中でいくつもの言葉を発しているからです。

　実は，大学を出たばかりの私は，教室で「話すこと」が大の苦手でした。

　1日を終えると喉が潰れており，毎日のど飴を口に放り込んで帰りの車を走らせたものでした。そして，「明日はできる限り『話さず』に1日を過ごそう」と思っていました。

　その当時は単に喉が潰れるのが嫌で，自分が楽をするために「話さない」ことを意識したものでした。しかし，今になって考えてみると，なかなかよい心がけだったなと振り返ることができます。

　なぜなら，「教師の1日の発話量がどのくらいか」を何となく把握できるようになったからです。

　そして，年数を重ねるごとに「1日の中で自分が話せる量はどのくらいか」という，限界値がわかるようになってきました。極端に言えば，その文字数すら何となくわかるようになったのです。

　すると，自分の「発話量」によってその中身や内容を考えるようにもなり

ました。「話せる量」に限界があると思うと，その量を「無駄遣い」したくないと思ったのです。

　同時に子どもたちを叱ったり責めたりするような消極的なことばかりに話す時間を割きたくないとも思いました。

　さらに，「どうしたらより短く話せるか」「端的に，わかりやすく話せるか」「より伝わるように話せるか」を考えるようになりました。言葉を選んだり，話し方を工夫したり，話すタイミングを考えたりしたのです。

　きっと，そうした長年の積み重ねが，今の私の「トーク」を磨き，鍛える術になっていたのだと思います。

　現在，私は「Voicy」という音声配信メディアで毎日「声」を届けています。その中で，「古舘先生の話はなぜかスッと入ってくる」「内容も聞きたいけど，その声を聞きたい」と言っていただけたり，「おしゃべりはどうやって学んだのか」「いつからそんなに話せるようになったのか」と聞かれたりすることがあります。

　本当にありがたい言葉で，私にはもったいない言葉です。いつもありがとうございます。

　そこで，感謝の気持ちを込めて教室の事実をまとめようと思いました。

　これまで教室で話してきた「トーク」を振り返り，みなさんと共有したいと思いました。ぜひ，「教室の空気」を感じていただければと思います。

　本書が，読者の方々の目の前にいる子どもたちを育てる一助になることを願っています。

著者　古舘 良純

Contents

第1章

学級を育てる「トーク」3つのポイント

「言葉」を決める

　教師が，子どもたちに対する「メッセージ」を明確にもっていればいるほど，話す内容は伝わりやすくなります。

　話す側としても「何を伝えたいか」という要点がはっきりしているので，端的かつストレートに話せます。

　そのポイントとして「言葉」を決めるということが挙げられます。作文であれば「タイトル」，論文であれば「テーマ」です。

　その言葉が決まれば，「メッセージ」が固まります。自ずと，子どもたちに伝えたいことをストレートに伝えられるようになっていくはずです。

　私は，2015年度から菊池省三先生のもとで学んでいます。その中でも，「価値語」は全ての実践の核となるものだと感じています。

　価値語とは，「子どもたちの考え方や行動をプラスに導く言葉」とされており，「教室で生まれ育つもの」と菊池先生は言います。

　つまり，先生方が子どもたちへの思いをもって生み出した言葉の一つ一つが「価値語」となり得ます。

　菊池先生はご著書の中で「言葉を育てると心が育つ。心を育てたら人も育つ」と書いています。

　教師が何かを話す時，「言葉を決める」ことで，子どもたちを確かに育てていくことができるのです。

　ぜひ，先生方の「これ」と決めた言葉も教えてください。

「期待」を込めて話す

Point 1では，言葉を決めることによって「内容は伝わりやすくなる」と書きました。

これは，「言葉を決めただけで伝わるわけではない」ということを暗に示しています。伝わりやすくなるだけで，伝わったかどうかはまた別問題だということです。

素敵な話が知りたければ調べることができます。ネットやSNSを通して様々なエピソードや知識を得ることもできます。しかし，それらを上手にまとめて話しただけでは，子どもたちに「ド正論」を突きつけるだけの時間になってしまいかねません。

誤解を恐れずに言えば，「ドヤ顔」をして話したところで，「だから何?」となってしまう可能性が高いのです。

なぜなら，子どもたちにとってその話が「今一番しっくりくる話」ではない可能性があるからです。「教師がしたい話＝子どもたちが聞きたい話」ではない場合があるのです。

ですから，「主語を子ども」にする意識がなければ，効果があがらないばかりか，教師の話の価値を下げる時間になってしまうでしょう。

では，どうすれば，「伝わる要素」がより強くなるのでしょうか。

それは，「期待を込める」ということです。「どんな成長をしてほしいか」を願うからこそ，子どもたちに伝わりやすくなるのです。

教育心理学の言葉を借りると，「ピグマリオン効果」による成長が期待できます。

　教師が子どもたちの成長を期待しながら話すことによって，成果が出やすくなるという現象のことです。

　逆に，何も期待しない投げやりな気持ちでは，どんなきれいな言葉を借りても，どんな素敵な語り口で話しても，子どもたちに伝わることはないでしょう。

　また，「生徒指導提要の改訂にあたっての基本的な考え方」（文部科学省）も参考にできます。

　「目前の問題に対応するといった課題解決的な指導だけではなく，『成長を促す指導』等の『積極的な生徒指導』を充実」のような，いわゆる怒る，叱るといった「消極的な生徒指導」の側面を減らし，ほめる，励ますといった側面を色濃く出していこうとする考え方が大切です。

　つまり，期待のない消極的な生徒指導に終始する話ならば，あなたが決めた言葉は子どもたちを追い詰めていくだけの「正義の刃」となります。

　常に「何のために今この話をしているのか」と自問自答し，その目的意識を子どもたちと共有しなければなりません。

　その目的意識があるから，血の通ったひとまとまりの「トーク」として成立するのです。

　そんな体温のあるお話が子どもたちを惹きつけ，結果的に「伝わる」というレベルに達するのでしょう。

　あなたは，何のために子どもたちに話していますか。どんな心を込めて話しているでしょうか。そこに「期待」が存在していますか。

Point 3

「確認」を怠らない

　Point 1 では，言葉を決めることによって「内容は伝わりやすくなる」と書きました。

　Point 2 では，決めた言葉をより伝えるために，「期待」を込めることの大切さについて書きました。

　そして，最後に「確認」することの重要性をお伝えします。

　本書で紹介するお話は，学級では「お説教」と表現することがあります。

　お説教と聞くと，叱ることや小言のようなイメージが大きいかもしれません。「説教くさい」という言葉からも，どこか堅苦しく，嫌がられる印象をもってしまうことでしょう。

　そもそも，説教とは宗教の教典や教義を民衆に説くことでした。

　そして，崇高な教えを難しく説くのではなく，身近な比喩を使ってわかりやすく興味を引くように話したと言われます。

　同じように，学級で何かを話そうと思ったら，「教師が話しやすいこと」以上に，「子どもが聞きやすいこと」が大切です。

　本書では，高学年をイメージした語り口で内容を構成させていただきました。目的意識を高め，少し難しい言葉や抽象度の高い言葉を使うことで知的好奇心をくすぐるようにしています。

　ぜひ，目の前の子どもたちの様子を見ながら，言葉や切り口を変えてお話をしてあげてください。

そして，やってほしいことがあります。それが「確認」です。
　話の終わりに子どもたちに問いかけ，「確認」してほしいのです。
　それが，子どもたちにとって「腹落ち」する時間だからです。

　実は，この「確認」が私たち自身の「トーク力」を高めていくきっかけになります。子どもたちから評価を受ける時間になるからです。

　私はよく，「どう思った？」「何を感じた？」「違うなって考えたことある？」「みんなはどう思っている？」「何か違うと思ったら教えてね」と聞くようにしています。
　そして，こうした問いを投げかけた時，子どもたちが自分の言葉で語り始めて，初めて双方向の「トーク」になっていくと感じます。

　しかし，「いい？　わかった？　はい，じゃあ再開します」と教師の都合で区切りをつけて指導を終えてしまうケースや，「こうです！　こうします！　こういうものです！」と頭ごなしに話して終わるケースを見かけることがあります。

　残念ながら，それでは子どもたちが育つわけもなく，教師の自己満足で終わるでしょう。
　ですから，ある意味子どもたちからの「評価」が下されるように「確認」を位置付けます。目的を共有できたかどうか，どのくらい伝わっているのかを客観的に見直すようにするためです。
　そして，多くの子が納得感を得られ，満足げな表情や納得した表情でその時間を過ごせるようにしたいと考えています。

　あなたのお話は，子どもたちの言葉で再現できる内容になっていますか。また，その確認を怠ってはいませんか。

第2章

学級を育てる
「ばっちり
トーク」
60

文字はその人を表す

 連絡帳やノートの文字に気持ちをのせたい

学級を受けもつと，まず目にするのが「文字」ではないでしょうか。

初日に書かせる「教科書の名前」や，翌日の「連絡帳」。場合によっては「自己紹介カード」などを書かせることで，子どもたちの文字を目にします。

２日目以降も，文字を書くことは続きます。１人１台端末の導入により，ノートに書くことは随分減ったかもしれませんが，それでもまだ文字を書く場面はたくさんあるはずです。

そんな時，子どもたちの文字が気になります。殴り書きする子，ひらがなばかり使う子がいます。枠に収めきれずに大きく書きすぎてしまう子や，こぢんまりと小さく書いてしまう子もいます。筆圧の差もあり，薄くて読めない子もいます。

そんな時，**「強く，濃く，太く書こう」と声をかけて語る**ようにします。

 トークポイント

子どもたちは，文字の指導をされると「うまく書かなければならない」と思いがちです。「うまいか下手か」で判断しているのです。だから，「うまく書けない」と投げやりな態度になってしまうことがあります。

ここでは，**「うまく書く必要はない」**ことを伝えながら，**「丁寧に書く姿勢」**を育てていくようにします。

　一度，顔を上げてもらっていいですか？　はい，ありがとうございます。

　今，みんながノートに書いている様子を見せてもらいました。スピードが速くてもう書き終わっている人もいましたし，逆にすごくゆっくり書いていて終わっていない人もいました。

　それで，先生が気になったことがあります。「文字の丁寧さ」です。

　丁寧っていうのは，うまいということとは違って，その人のやる気が見えるものなんですね。だから，うまいけど気持ちが入っていない文字はあるし，逆に小さい子の文字はうまくはないけれど，気持ちが詰まっているのは伝わるよね。

　先生は，みんなに，文字に気持ちを込めながら丁寧に書いてほしいと思っています。だから，みんなの文字を読みながら「あなたらしい文字か」を見ています。

　すると，「文字がその人を表している」ということがわかるんですね。

　嫌々書いた人はそれがわかり，ただ写している人はその姿が思い浮かびます。一生懸命な人の，「なるほど～」と考えながら書いている文字も伝わってきます。

　先生は，そういう文字に出会うととてもうれしくなります。今，ノートを見ながら教室を歩きましたが，そういううれしいノート，文字にたくさん出会いました。

　今言いたいのは，「うまく書く必要はない」ということです。うまいかどうかは結果ですから，そこを求めたいわけではありません。

　丁寧に書く一歩は「強く，濃く，太く」書くことです。

　そうやって書くことで，きっとみんな丁寧な文字になっていきます。そういう丁寧な人が増えていくと思います。

　では，続けて書きましょう。どうぞ。

目で追う

 よりよい話の聞き方を学ばせたい

　教室にいる以上，担任の話を聞く時間がありますし，友達の話を聞く時間もあります。

　人の話を聞かずに1日を終えることなどないと言ってもよいでしょう。

　子どもたちは，耳で情報を得て活動することも多く，「聞く力」の高まりによって活動の質も変わってくると考えられます。

　だから，教室にいる時はその聞き方に対して違和感を覚えることもあり，聞き方の指導をしなければならないと思うことも少なくありません。

　座って自分の机に目を落としている子。ノートばかりを見て顔が上がらない子。ひどい場合には，人が話しているのに平気で私語が飛び交うこともあります。

　そんな時，**「話は目で聞くもの」と言いながら指導する**ようにします。

 トークポイント

　よく教室前方に貼られている「座り方」や「聞き方」の掲示のような指導がしたいわけではありません。**お互いに聞き合うということは，「関心を寄せ合う」ことや「思いやりをもつ」ということ**を伝えたいのです。

　目で追わせることで話し手にも安心感を与え，教室の一体感をつくり出すようにしていきます。

　今，Aさんの発表がありましたが，「聞いていた人」はどのくらいいますか？　手を挙げてみましょう。はい，ありがとうございます。

　先生は，今手を挙げた人の中に，「聞いていた人」と「聞こえていた人」が混ざっていると思いました。

　何が違うかと言うと，「目」です。例えば，Bさんは，しっかりと顔を上げ，体をねじってAさんを見ていました。でも，声は音ですから，別に見なくても「聞こえて」きますよね。これが「聞いていた人」と「聞こえていた人」の違いです。

　もう一度手を挙げてください。Aさんの発表を「聞いていた人」はどのくらいいますか？　随分減りましたね。ありがとうございます。

　では，なぜ見ることが大切なのでしょうか。（数人の子とやりとりをする）

　それは，相手への思いやりを伝えるためです。「話が聞こえていればいい」という聞き方は，自己中心的な聞き方です。机だけ見ている人が多かったら，話している人は不安になりますよね，きっと。

　だから，話している人に「ちゃんと聞いているよ」という安心感を与えるためにも，見て聞くことが大切になるのです。

　人は，聞いてくれる人にはちゃんと伝えようと思うものだし，そうやって話してくれるからしっかり聞こうと思えます。お互いの，こういう気持ちがセットになると，教室に一体感が生まれます。

　次にCさんに発表してもらいますが，ぜひ「聞いていた人」になってください。Cさんを目で追いましょう。

　きっと，目で追っていたら，話の終わりも見てわかるはずです。そうすれば，拍手のタイミングもみんなで揃うでしょうね。

　では，Cさん，お願いします。

40秒で支度しな

 準備や整列の時間を素早くさせたい

　前任校は授業間の休憩時間が10分間でした。現在お世話になっている学校では，授業間が５分間です。今ではその時間感覚に慣れましたが，異動したての頃は随分と時間管理に注意を払ったものでした。

　そんな中で大切にしていることがあります。それはスピードです。だらだらと準備したり，教室移動に時間をかけたりしていると，45分の授業に干渉するばかりではなく，学年集会に遅れたり専科の先生に迷惑をかけたりすることもあります。

　ですから，「準備は素早く，移動は速やかに」という意識をもたせるように指導します。

 トークポイント

　多くの場合，**分単位で指示を出すことが多いと思いますが，それを秒単位で指示することで印象にも残りやすく，子どもたちの意識を高める**ことができます。

　なお，このセリフは，ジブリ作品の「天空の城ラピュタ」（宮崎駿監督）に出てくるワンシーンを参考に使っているものです。この説明なしに突然言ってしまうと，命令のように受け取られてしまうので注意しましょう。

　それを説明の上，教室に緊張感を出したい時に使うようにします。

　実は，みんなの様子を見ていて，気になっていたことがありました。それは，準備や移動に時間がかかりすぎてしまうということです。

　例えば，次の時間は理科です。教室も移動します。さて，教科書類の準備にかけてよい時間はどのくらいだと思いますか？（数人の子とやりとりをする）

　実は，40秒です。この40秒という数字がどこから出てきたか。それは，ジブリ作品です。「天空の城ラピュタ」のワンシーンで出てきますね（作品紹介などは割愛）。

　みんなの様子を見ていると，きっとできないわけではないと思うんだけど，どこか「まあいいか」「何とかなるでしょう」「始まってからでいいよね」のような気持ちが見えます。

　同時に，「私だけじゃないし」「みんなやっていないから」のような，どこか他人に合わせた動きをしているようにも見えます。

　もちろん，それで間に合っている場合や，誰かに迷惑をかけていなければいいと思います。でも，先生としては40秒でできる力があると思っているから，もったいないなと思います。

　準備を素早くする。整列や移動が速やかである。こういうことのメリットがたくさんあるからです。

　例えば，授業へのやる気が見えたり，先を読んで行動する大切さに気づけたりすること，変に友達と群れたりしないことで，あなた方一人一人の生活態度がレベルアップしていきます。

　さらに，授業の時間が数分増え，たくさん学ぶ時間ができます。また，専科の先生に対しての失礼のない振る舞いも可能になります。

　できないと思っていたら言いません。慌てる必要もありません。ただ，自分なりに素早く，速やかに準備してみてください。

　「40秒で支度しな」

立ったら止まる

起立後のふらつきや姿勢に気持ちを入れたい

　朝のあいさつや帰りのあいさつ，授業の号令や発言など，1日の生活の中で「起立」する場面が何回かあります。

　立ち姿を変えるだけで，人は立派に見えたりだらしなく見えたりします。そして，その姿勢で心構えが伝わったりします。

　片足重心で体が曲がっていたり，机に手をついて腰を曲げていたり，「直立」とは程遠い姿勢を見る度に，姿勢に気持ちを宿したいと思います。

　しかし，頭ごなしに「まっすぐ立ちなさい！」「ちゃんと両足で立ちなさい！」と言っても子どもたちには響きにくく，指導が入りにくい経験をした人もいるでしょう。

　そんな時，「立ったら止まる」というイメージを与えながら姿勢を正すようにしていきます。

トークポイント

　ここでは，まっすぐ立たせたり，両足に体重をかけて立たせたりするような形式的な姿勢を求めることが目的ではありません。

　「止まろう」と思ったら結果的に両足で踏ん張ることになり，背筋もピンと伸ばそうとします。

　そんな，**内面的な意識の変化を促す**ようにするのです。

（一度号令がかかり，着席した後に話し始める）

では，授業に入る前に確認しておきたいことがあります。それは，「立ち姿」についてです。

ちょっと，Aさん，立ってみてください。みんなで見てみよう。いい立ち姿だよね。どこがいいか，言える人？（数人の子とやりとりをする）

はい，ありがとうございました。座ってください。

みんなは，「まっすぐ」とか「前を見て」と言ってくれました。本当にその通りです。

理想を言えば，「くるぶし」「膝裏」「骨盤の横の骨」「肩」「耳」が一直線になるようなイメージになるといいと思っています（それぞれ指差しながら確認をする）。

ちょっと，一回そこを意識して立ってみましょうか。はい，起立。

すごくいいね。着席。

それで，改めて立ってみて，最初の号令の時との違いがわかったかな？

起立するスピードが速かった。そして，起立した後に，時間が止まったの。一瞬シーンとなって，呼吸もしていないんじゃないかって思うような空気感だったのね。

本当は，「今から授業が始まるぞ」っていう意識があれば，今のような感じになるはずなの。

もしかしたら，今みんなは姿勢を正そうっていう気持ちで体のことだけ考えていたかもしれないけれど，できるなら，心や頭も「よし，やるぞ」っていう気持ちになっていてほしいと思っています。

ポイントは1つ。「立ったら止まる」です。だらだらせず，Aさんのように立ったら止まってみてごらん。

もう一回やってみよう。起立。

半端をやめる

 他者に流されてしまう子にはしたくない

　子どもたちが周りの目を気にしながら生活している場面に出会います。学級が育っていない場合に多い状況です。特に「挙手」の場面で多く見かけます。自信満々に手を挙げているのはよいのですが，挙げているのかどうかもわからない様子だったり，数を数えた後に手を引っ込めたりすることもあります。少数派を嫌がり，多数派に流れます。

　こうした，「どっちつかず」の子は「自己決定」の機会が少なかったのかもしれません。また，決まっていても自信がもちきれないのかもしれません。

　挙手に限らず，前述した「文字を書く場面」についても，自分の力を出しきらずに中途半端な状態で書く子がいます。「起立」についても，「これくらいでいいか」のような態度で立つ子もいます。

　「やるならやる！」というスイッチを自分で押せるようにしたいものです。

 トークポイント

　トーク自体は挙手の場面を挙げて紹介しますが，**年間を通して様々な場面で指導**します。

　「書くなら書く」「読むなら読む」「出すなら出す」「立つなら立つ」「見るなら見る」「走るなら走る」と，半端になりがちな場面が学校にはたくさんあるからです。そうした汎用性を意識して話すようにします。

（道徳の授業で○か×かを選択させた後のことです）

　では，どちらを選んだか教えてください。○の人？　×の人？　はい，ありがとうございました。ごめんね。もう一回，手を挙げてもらいます。

　あのね，こうやって挙げるのは「挙げる」って言わないのね。これは「曲げる」って言います（脇がしまった感じで，肘の位置が低く，手のひらが顔よりやや下にある状態）。

　それで，本当に「挙げる」っていうのは，こうします。天井に指先が突き刺さるくらいピンと挙げます。先生が小学生だった頃は，「腕が耳にくっつくくらい」と言われていました。

　先生は「○か×か，どちらか？」と聞いているのだから，自分が選んだ方にビシッと挙げてほしいと思っています。中途半端に挙げるのは，挙げたことにはなりません。

　違うなと思ったら，その時に変えればいい。でも，「今はこう思っているんだ」ということをはっきり示すべきです。先生に意思表示してほしいと思っています。「挙げるなら挙げる」です。

　今は手の挙げ方について言っているけれど，こういう半端な態度は挙手以外の場面でもたくさんありますよ。

　例えば，朝のあいさつもそうですよね。「おはようございます」って言ってはいるけれど，小さくボソボソと言っているのは中途半端ですよね。「出すなら出す」のがいいですよね。

　「わかりません」とか，「考え中です」って言うのはわかるけど，まずどっちか決める。決めたら意思表示する。半端はやめましょう。

　もう一回聞きます。○の人？　×の人？

※「挙げる」「曲げる」は野口芳宏氏のご指導を参考にしています。
※「天井に指先を突き刺す」は菊池省三氏のご指導を参考にしています。

四角い掃除

 ## 雑巾がけが丁寧な子の姿を広げたい

清掃指導の8割が,「できていない子」「やっていない子」を見つけて注意するパターンだと思います。

私もその1人で,「ちゃんとやっている子」「掃除が丁寧な子」を見つけて価値付けするようになったのは,30代に入ってからかもしれません。

多くの子が隅々まで丁寧に掃除できない理由に,そのモデルを知らないことが挙げられるでしょう。どうやったらよいのかわからないのです。

ですから,私たちがすべきは**8割の消極的生徒指導ではなく,2割の積極的生徒指導における清掃指導**なのだと考えています。

子どもたちが30人いれば,丁寧に掃除をする子が必ずいます。その子をきっかけに掃除の価値を広げていきましょう。

 ## トークポイント

ここでは,「やっていない子」を吊るし上げにして「ちゃんとやれ!」と指導するようなことはしません。

あくまで**「掃除が丁寧な子」を価値付けする**中で,その丁寧さを汎用可能な知識や技能としてシェアし,教室全体の清掃活動の底上げを図るのです。

「やっていない子」に皮肉を言うようなトーンで指導してしまうことで,教室全体の士気が下がる場合があるので注意しましょう。

（できれば写真を撮っておいて見せながら話せるとよい）

　今日の掃除の時間に撮りました。さて，なぜ先生はこのシーンを写真に撮ったのでしょう。（数人の子とやりとりをする）

　確かに，みんなが言うように「ちゃんと端っこまで」とか「隅々まで丁寧に」という気持ちが見えたんですね。やっている本人はどうかわかりませんが，先生はこれが掃除のお手本だなと思いました。できれば全校に広げたいとも思っています。

　やっぱり，掃除っていうのは細部にこだわってしてほしいんですね。「やりましたー」「拭きましたー」と言う人は多いんだけど，「きれいになりました！」「ごみ1つ落ちていません！」と言う人は少ないんですね。

　でも，Aさんのような掃除の仕方なら，きっときれいでごみ1つ落ちていないと思うんです。

　本当に「やりました」「拭きました」と言う人は，きっと結果で示してくれると思います。それが，この写真なのだと思います。

　先生は，この掃除を見ていてポイントがあると思いました。それが「四角い掃除」です。基本的に，教室は床全体が四角いですよね。廊下も円や楕円ではありませんし，体育館も昇降口も，基本的には四角の集まりだと思っています。

　こういう四角い場所を「まあるく」掃除してしまうことで，隅々まで手が行き届くことはありません。

　ですから，長方形や正方形などの四角の一辺一辺を「定規で直線を引くように」ほうきで掃いたり，雑巾で拭いたりしてほしいんです。

　そうすれば，Aさんのように丁寧な掃除をみんなができるようになると思います。明日はぜひ，「四角い掃除」を心がけてみてください。

※『学級づくりに自信がもてるちょこっとスキル』スキル17参照。

0.5秒で反応する

 聞こえたらすぐ行動に移せるようにしたい

　歯切れのよい号令がかかり，子どもたちもサッと動く。スムーズでスピーディな時間は，気持ちも体もシャキッとしているように感じます。

　しかし，例えば「起立」と言われているのに立とうとしなかったり，指名されてもだらだらしていたりする子がいます。1人ならまだしも，隣同士でずっとしゃべっていて反応が遅い子たちや，教室全体の空気が重い場合もあるでしょう。

　返事も同じです。やはりスピード感のある返事にはやる気が表れています。どこか気だるそうにしている返事は，反応が遅めです。

　こういう時は，具体的な時間を提示して反応を促します。前述した「40秒で支度しな」と同様ですが，**「1秒より短い時間」を示すことで，子どもたちがその数字からスピードの速さをイメージできる**ようにします。

 トークポイント

　このトークは，通常の3割増しのテンションで話すことが大切です。普段と同じトーンで話しても，子どもたちのスイッチが入りにくいからです。

　そして，子どもたちが「できる」ようにしなければなりません。

　初めて伝える時，「0.5秒」をイメージできない子がいるかもしれませんが，**数人ができれば，それを認め学級全体に広げていきましょう。**

　健康観察をします。名前はランダムに呼びます。呼ばれたと思ったら返事をしてください。「Aさん！」「Eさん！」「Kさん！」…

　これで健康観察を終わります。いや，みんないい反応でした。名前を呼んでいてとても気持ちよかったです。シャキッと反応してもらえるって，人をうれしい気持ちにすることができるんですね。

　特にいいなあと思った人がいます。Bさんです。先生が2文字言ったくらいで「私だ！」と予想して返事していました。多分，返事に1秒もかかっていません。「0.5秒」…っていう感じでした。速いですね。そういう返しはやる気というか，「やってやるぞ！」という気持ちが伝わってきて，いいなあと思いました。

　…ちょっと，もう一回何人か呼んでいいですか？　「Cさん！」「Rさん！」…

　いやあ，本当に速い。みんなで拍手しよう！

　ええと，今みたいにパッと反応しようと思うと，拍手でも素早いアクションになります。そして，素早さは力強さにも変わります。

　あと，学校生活のどんなところで「反応」する場面があるでしょう？

　はい，今も「挙手」という反応がありますね。今のBさんの「あ！そうだ！」みたいな表情のリアクションも反応ですね。

　（虚をつくように）起立！　これも反応ですね。

　1日生活していると，返事に限らず色々な場面で反応しなければなりません。着席。

　先生は，誰か1人に指示を出している場合もあるし，教室のみんなに言葉を投げかけていることもあります。

　どれも自分に言われていることだと思って生活してください。

　そして，1秒もかからず，「0.5秒」レベルで反応してほしいです！

　（最後の1文は，返事がしやすいように力を込めて言うとよい）

1から10を考える

 ## 1つの指示の意図を考えさせたい

　子どもたちに何か話す時，きっと言葉にしたこと以上に伝えたいことがあるはずです。

　もちろん，わかりやすく全て話してしまうことも大切です。短く端的に，ナンバリングなどをしながら話すことも必要でしょう。

　しかし，何をしたらよいか，どう考えたらよいかという子どもたちの聞き方を鍛え，育てていく視点も大切にしたいと考えています。

　言われたことを言われた通りにやるだけでは，どうしても受動的な態度になってしまいます。1つのことから，10のことを派生させて考えられるような思考力を育てたいものです。

　「黙って聞いていればよし」とするだけではなく，「いかに聞いて考えているか」という教室にアップデートしていく感覚を大切にしていきましょう。

 ## トークポイント

　1つの指示をした時に，「なぜそうすべきなの？」「そのために何をするの？」と，**目的や手段を問うことで具体的な10のイメージをもたせる**ことができます。

　単に「考えなさい」という指示だけではたどり着かない思考レベルまで，子どもたちとのやりとりで導いていくことで，考える力を育てていきます。

　鉛筆を置きましょう。（10秒ほど待つ。沈黙があっても10秒待つ）

　なぜ，鉛筆を置かせたのでしょう？　なぜ，鉛筆を置いてほしかったのでしょう？　何のために鉛筆を置くのでしょう？　鉛筆を置くだけでよいのでしょうか？

　隣の人に，聞いてみましょう。どうぞ。…やめましょう。

　教えてくれますか？（数人の子とやりとりをする）

　そうですね。「この後に先生が話をするだろう」ということが予想されますね。話を聞くのですから，口を閉じる人もいました。体を向ける人もいました。顔を上げる人もいました。

　これらは，みんなが考えずに無意識的にやっていることです。自然にできている，素晴らしい力なのですね。できれば，これからは意識して考えて1つの指示から10個は考えを広げてほしいと思います。

　言ってくれたことの他に，「先生は何を話すんだろう？」と予想することもできます。「聞かれたらすぐに手を挙げようかな」と発言の意欲を高めておくこともできます。「友達はどんな考えなのだろう？」と想像してもいいですよね。そして，自分の考えをまとめながら「よし，対話するぞ」と決意を固めてもいいですね。

　「鉛筆を置きましょう」と言われて，鉛筆を置いて黙って座っているだけでは，言い方は悪いけれど犬の「お座り」と一緒になってしまいます。でも，みんなは人間です。考える力があります。言われたままに座っているだけではなく，頭を使って考えてほしいです。

　そうしたら，もっと賢くなります。考えが広がったり深まったりします。

　そして，みんなで考え合っていい授業になります。先生は，そんな教室をイメージして，「鉛筆を置きましょう」と言っています。

　はい，姿勢を正しましょう。うん，考えているいい姿勢ですね。

時間と時刻

 言葉の意味を考えて行動させたい

　学校生活は，「時間」で区切られています。授業は「45分間」で，休憩は「5〜10分間」です。でも「間」を使わずに「45分」と言うことがほとんどです。

　授業開始時は「あ，授業始まる『時間』だよ〜」と言ったり，授業終わりは「先生，もう『時間』です！」と言われたりします。

　でも，始まる「時刻」，終わる「時刻」というのが本来の使い方であり，何となく通じているからよしという感覚で言葉を使っています。「言いたいこと」がお互いに理解し合えているので無理に区別する必要はないのかもしれませんが，**「時間」と「時刻」を使い分けられるようにすることで，言葉の質を高めたり，より細かい部分で理解し合えたりできる**と考えています。

 トークポイント

　子どもたちが何気なく使っている言葉の違和感に自分たちで気づき，その使い方や意味を考え直すことで，より学校生活にメリハリをつけられるようにしていきます。

　「時間を守りなさい！」「遅れません！」のような，管理的な教室をつくるために指導するのではなく，**子どもたちが気づき，考えられるような思考の手がかりの種まき**をしていく意識で話すようにしていきます。

（授業開始時刻を過ぎている時，Aさんにつぶやく）

ほら，時計見て。みんなに声かけて。

「座ってー！　時間だよー！」（その子がみんなに注意し，全員が席に着く）

はい，ありがとうございます。自分たちで時計を見て行動できるって素晴らしいですよね。実は先生も「早く座らないかな」「誰が気づくのかな」と思って見ていました。

そんな時，Aさんに声をかけたら，みんなに声をかけてくれました。ありがとう。

それでね，その注意を聞いて考えたことがあったの。Aさんはみんなに何と言っていましたか？

そうですね。「時間だよ」ですね。これ，違和感ありませんか？　時間って何ですか？　「立っていた時間」「走っていた時間」「読んでいた時間」「休憩時間」。時間って「量」ですよね。そう考えると，「時間だよ」という声かけを少し不思議に感じたのです。

では，何と言えばよいのでしょうか。（Aさんとアイコンタクトをして）……そうですね。「時刻」ですね。「開始時刻」「終了時刻」ですよね。

先生もそうだけど，「時間」という言葉を「時刻」の意味でも使っていることがあります。開始時刻が9時30分。終了時刻が10時15分。授業時間が45分間ですよね。だから，45分間が過ぎていたら「先生，時間過ぎています」と言ったり，「時刻過ぎています」と言ったりしますよね。

こう考えると，「ある時刻はある時間の終わりであり，次の時間の始まり」なのです。つまり，2時間目終了時刻は，業間休みの開始時刻なのです。

みんなには，時間を大切にしてほしいと考えています。無駄な時間などありません。時間と時刻を意識して，学校生活の1分1秒を意識的に過ごしてください。そういう声かけもよろしくお願いします。さて，授業を始めます。

鬼のように書く

 すぐに鉛筆を置いてしまわないようにしたい

学校では，「自分の考えを書きましょう」「気づいたことを書きましょう」「授業の振り返りを書きましょう」など，日常的に書く活動が行われていると思います。

また，運動会や学習発表会，音楽集会や文化祭などのイベントごとに作文を書かせる学級も多いはずです。

そんな時，すぐに鉛筆を置いてしまう子がいます。感想を1行だけ書いて終わるような子です。

目を合わせて「終わったの？」「もう書いたの？」と聞くと，「はい」と返事をします。近寄ってノートを見てみると，確かに書いてありますが，たった1行，たった1文であることも多々あります。

 トークポイント

ある程度の分量を書いてほしい時，声かけが「もっと書けないの？」というネガティブな印象まで伝えてしまうことがあります。

子どもはその感情まで受け取ってしまうので，たとえ再度書き始めたとしても，「しぶしぶ」という姿勢になります。

子どもたちが「否定された」と感じず，かつ**「もっと書こう」**と思えるように，**高い目標を掲げる**つもりで話しましょう。

　今から，今日の振り返りを書いてもらいたいと思います。成長したことや反省点，次への改善の決意などを書いてください。

　時間を10分取りますので，みっちり書きましょう。目標は……10分で2ページ書けたらいいですね。

　ところで，みなさんは「鬼」という言葉の意味を知っていますか？（数人の子とやりとりをする）

　そうですね。赤鬼，青鬼ですよね。でも，実は辞書で調べてみると「人並外れた」とか「ものすごい」という意味もあります。

　先生の高校時代のサッカー部の先輩には「ヘディングの鬼」と呼ばれていた人がいて，得点の半分を頭で（ヘディングで）取っていました。

　それで，先生はみんなに「鬼のように書ける人」になってほしいと思っています。人並外れた書く力，ものすごい文章量を書く力をつけてほしいのです。自分の気持ちをたくさん表現できる人，自分の考えや思いをどんどん広げていける人になってほしいんです。

　そのためには，これから10分間，鉛筆をすぐに置くことは許されません。もし書けなくなっても，終わりを自分で決めてはいけません。

　アドバイスをしておくと，「3つあります」と書き始めると，時間いっぱい書くチャンスが増えます。また，「例えば〜」「具体的には〜」「さらに〜」を使うと，どんどんアイディアが増えていきます（板書しながら）。

　何より，自分で終わらせない気持ちを強くもつこと。そして，10分のタイマーが鳴るまで書き続ける意思をもつこと。

　そうすれば，きっとみんなが「鬼のように書く」ことができると思っています。さあ，鬼になろう。

　では，鉛筆を持ちましょう。10分間です。用意，はじめ。

黙書

 ## おしゃべりをせずに，書き続けてほしい

　作文や感想文など，黙って書けない子が増えてきたように感じます。「黙って書けない」というよりは，「書くことができないために黙れない」という感じがします。

　書けない自分を誤魔化すために，近くの友達に話しかけて巻き込んだり，「話していて書けないのだ」と言い訳したりするために話しているようにさえ感じます。その多くは，「考えていない」ことが理由です。1人で黙って考えられないのです。その集中力がないために話してしまいます。そして緊張感が薄れてしまいます。

　書けない子も，まず一定時間「黙って鉛筆を持ち続けること」ができれば，考える素地や考える力が育ちます。その上で，書く力を身につけていくようにさせましょう。

 ## トークポイント

　教師としては，沈黙をつくり，考えたり書かせたりしたいはずです。しかし，「静かにしなさい」「書きなさい」という注意では，静かになるかもしれませんが，黙ることが目的になってしまいます。

　この時，「黙読」「黙食」「黙考」と並列して「黙書」を提示することで，**目的意識をもちながら黙って書く態度を育てる**ことができます。

（何か作文や感想，振り返りなどを書かせる前に）

集中力が切れると，どんな状態になると思いますか。（数人の子とやりとりをする）

そうですね。まずおしゃべりが始まります。おしゃべりは2人以上になりますよね。そして，その声は周りの多くの人に聞こえます。

すると，「あ，俺も話そう」と連鎖的に集中力が切れる人が増えます。それは同時に，「書くことをやめる」ということになります。どちらかというと，「書けない人ほど集中力が切れやすく，話し始めやすい」という感じですね。

この気持ち，わかりますか？（数人の子とやりとりをする）

先生も，書けなくなった時についおしゃべりしてしまうような子でした。おかげで先生もよく注意されていました。でも，またすぐにおしゃべりをしてしまいました。

ところで，「黙って読む」ことを何と言いますか？（数人の子とやりとりをする）

そうですね。「黙読」ですね。最近は「黙○」で食べますね。…そうですね。「黙食」ですね。あとは「黙○」に入りそうな漢字が思いつきますか？

…黙って考えることを「黙考」と言うこともありますね。

それで，今から書く時は「黙書」を意識してもらえますか？　「黙って書く」ということです。「書けなくても黙る」ということでもあります。

書けなくても黙って向き合っていれば，考えることができます。「書く」ということは，「考える」からできることです。でも「おしゃべり」をしては「考える」ことはできません。「黙っている」ことは「考える」ことにつながります。そうすれば，必ず書けるようになっていきます。書き続ければ，自然に黙ることもできます。

教室が「黙書」の時間になるといいですね。それでは書きます。はじめ。

落ち着きは音で決まる

 教室内で聞こえる音に敏感になってもらいたい

　教室は様々な音であふれています。荒れた教室では，ドアを激しく開け閉めする音が響き，机がぶつかる音や物が落ちる音が日常的に聞こえてきます。

　逆に，落ち着いた教室では，鉛筆でものを書く音や，教科書をめくる音すら聞こえてきます。教室が落ち着いている時，聞こえてくる音を分析することで，学級の落ち着きを測ることができると考えています。

　しかし，音を分類したり分析したりせずに，ただ「大きい・小さい」だけで判断しては，例えば盛り上がりたい時にも「シーン」となってしまいます。**音の大きさが悪いわけではなく，小さいからと言ってよいわけでもないのが正直なところです。**

　その違和感の正体を探っていくことが大切になるでしょう。

 トークポイント

　教室の落ち着きや，音の大小や不適切さを教師だけが判断してジャッジすることは，子どもたちを思考停止状態に導いてしまう可能性が高まります。

　「うるさい」と言われて静かになり，「もっと声出して」と言われて「叫ぶ」ようになると，時と場を考えた音が出せなくなってしまいます。

　子どもたちが，**教室の音に敏感になり，音から教室の状態を把握できるように育てていくとよいでしょう。**

（授業開始時に数秒黙って一点を見つめます。教室がシーンとなった状態で，「今，この教室は落ち着いていますか？」と尋ねます。その後，数人の子とやりとりをします）

確かに，静かだから落ち着いているというのは間違いではないかもしれないね。でも，本当に落ち着いているのかな？

昨日の話し合いでは，みんな他の班の声が聞こえるほど盛り上がっていたでしょ？　じゃあ，あの状態は落ち着いていないっていうことかな？

違うよね。あれはあれで，みんな集中して活動していたよね。先生は，あれも落ち着いていたと思います。

だから，音が大きいから落ち着いていないとか，静かだから落ち着いているというのは，ちょっと安易な考えかもしれないね。もちろん，今のみんなは静かで落ち着いているように見えていますよ。

今日の授業はね，昨日の話し合いのように，少し長めの時間を使って，みんなに話し合ってもらいたいと思っています。

もしかしたら，みんなの集中力が途切れて，途中で違う話に脱線してしまったり，話し合いが進まずに遊んでしまったり，そのせいで「ちゃんとやって！」のように注意が飛び交ったりしてしまうかもしれないね。場合によっては，机を叩いて「ねえ！」みたいに怒る人が出てくるかもしれない。

でも，そういう時は同じ「大きい音」でも落ち着きがなく感じられます。「適切な音じゃないな」って感じるのですね。みんなもわかるでしょう？「いい話し合い」と「そうでない話し合い」は，音の質が違うことが。

逆に言うと，話し合いで「静かすぎる」ということは，あまり適切ではないですよね。静かだけれど，落ち着いてはいないかもしれないね。何か改善点がありそうです。

今から聞こえてくる話し合いの音で，みんなの落ち着きを教えてください。

静かはつくる

 教室のざわつきを静めたい

　30人の子どもたちと過ごしていると，子どもの数だけ話し声がするものです。それ自体は自然なことで，休み時間や対話的な学習の場面では，ワイワイ楽しんだり，盛り上がったりして構いません。

　しかし，いざ授業が始まる瞬間や，「ここは集中したい」「今は緊張感を高めたい」という授業のクライマックスでは，教室の一体感が必要だと考えます。

　そんな時，どうしてもざわつきが収まらない，話し声が止まらないと一気に授業がだらけてしまいます。「静かはつくるものなんだよ」というお話をすることで，子どもたちの緊張感と集中力を高めていくのです。

 トークポイント

　おしゃべりが止まらない子，ざわついている集団に向けて注意すると，負の空気ができます。「お叱りモード」に入るからです。1人がざわついていても，29人の緊張感を高めれば，教室は静かになります。

　百何十人が集まる全校朝会で騒ぐ子がいないように，**全体の空気をつくることが静かをつくるポイント**です。

　「静かにさせよう」と思うと，マイナスを0にするにとどまってしまうのです。大きなプラスで，マイナスをかき消すのです。

　いい？　今，先生が少し黙って立っていたら，みんなは自然と静かになったでしょ？　とってもうれしかった。「ああ，聞いてくれているんだ」って思ったよ。

　まず，Aくんが静かになって，それで，Bさんの肩をトントンってやって気づかせてくれたでしょ？　それで，あ！って気づいて姿勢を正したよね。Cさんは，「静かにしよう！」って声を出していたよね。あれもよかった。ありがとう。

　あのね，「静かにする」っていうのは，多くは「静かになっていく」ことが多いの。何となく，1人2人…と静まっていくのね。で，30人が順番に黙っていって，30番目の人が静かになったら「はい，静かになりました」ってなるのね。多くはね…。

　でもね，やっぱり先生はこの教室や，みんなの姿を見ていると，「静かはつくるものなんだなあ」って思うんだよ。AくんとかCさんとかの「静かをつくろう」とする姿勢が見えるのね。

　場合によってはさ，「おい！　静かにしろって！」みたいな注意が聞こえる時もあるのよ。

　でもこれって，静かにすることが目的になってしまっていて，その後にある「人の話を聞く」っていう目的が忘れられていると思うんだよ。これじゃあ，違うよね。

　だからみんなに言っておきたいのは，「私は静かだし」とか「俺はしゃべってないから」とか，「あいつがうるさい」とか「ぼくは関係ない」とか思わず，みんなで静かをつくっていくんだっていう気持ちを大切にしてほしいっていうこと。

　いい？　「静かはつくる」の。みんなでね。そういう空気を感じ取って，いい授業，いい教室をつくっていきましょう。

没頭せよ

 ## 周りに左右されずに集中してほしい

何か課題に取り組んでいる時や，個人での作業になった時，落ち着かない学級では「おしゃべり」が数か所から聞こえてくることがあります。

同時に「静かにして！」「集中できない！」という注意が飛び交うこともあります。

子どもたち同士で注意し合える学級もよいのですが，そもそも一人一人が集中できればこうした状況にはなりません。

多少うるさくても「よい無視」（否定的な注目を与えない）をすることで，自然に静かになっていけばいいなと考えます。

 ## トークポイント

ここでは，誰かを悪者にしたり，誰かのマイナス行為に目を向けたりせず，**「いかに周りに左右されず，自分の集中力を保つか」という視点で話す**ようにしていきます。

うるさい子を注意していくことで，「誰かがうるさいから集中できない」という他責のマインドを形成してしまうことになるからです。

もちろん，目に余るような状況であれば注意することもありますが，基本的には「あなたがどう学習や作業に取り組むか」と問うような感覚で子どもたちを育てていきます。

　今から15分間，10時15分まで自分で学習を進めてもらいたいと思います。一人一人，自分の課題や疑問を解決できるように過ごしてください。

　ところで，今まではこういうフリーな時間にうるさくなることはありませんでしたか？　その時，どう思いましたか？（数人の子とやりとりをする）

　そうでしたか。教えてくれてありがとうございました。何となく，みんなの様子がわかってうれしいです。

　きっと，注意されたAくんは嫌な気持ちになっていたのではないですか？まあ，仕方がないことだけど，注意されるのはいい気持ちにはなりませんね。でも，周りの人も嫌な気持ちだったんですよね。これじゃあ，注意しているはずなのに，教室全体の空気が沈んでしまいますね。

　…先生だったら，おしゃべりするような人がいた時は，どうやって自分が集中力を保つかを考えます。

　例えば，家でテレビがついていても，平気で宿題ができる人はいませんか？　大人でも電車で新聞や本を読める人もいるし，高校生でも電車に乗りながら勉強をしている人もいますよね。先生もカフェで仕事をすることもあります。

　そんな時，「うるさいから静かにしてください」とは言えません。その分，自分の集中力を高めるようにします。きっと，本当に集中できる人は，周りがどんな状況でも集中できます。目の前のことに一生懸命で，周りのことなど気にならないくらい頭が課題解決に向けていっぱいなのです。そういう時，「没頭している」と言うことがあります。

　開始と同時に没頭できるならそうしなさい。きっと，おしゃべりするような人も，そういう空気が生まれたら自然に没頭していくはずです。注意し合って静かになるような教室ではなく，没頭し合って集中力の高い教室にしましょう。15分間です。始めてください。

いい意味で目立つな

 ## 消極的な子にも目を向け，育てたい

　教室では，「よく発言する子」「一生懸命書く子」「たくさん仕事をする子」など，「目立つ子」がいると思います。その子のおかげで学級に勢いが出たり，授業がスムーズに進んだりすることは間違いなく，担任にとって支えとなるような子だと思います。

　しかし，そうした積極的な子ばかりに目を向けていると，目を向けられない子が出てくるのも事実です。

　ですから，**消極的な子にも目を向けながら，学級の底上げもしていきたい**と考えています。

 ## トークポイント

　子どもたちは，目立つためにアピールするようになります。その方が教師の注目を得やすいからです。しかし，注目欲しさのアピールは長続きしません。いかに「目立たずに責任を果たしているか」をよく見るようにし，教師の眼差しは決して積極的で目立つ子ばかりに注がれるわけではないことを伝えるようにします。ある意味，教室全体を常に見ているという緊張感を生み出し，**目立たないことにフォーカスして子どもたちを価値付けていくこと**を意識します。

　みなさんは，どんどん発言したり，積極的に仕事をしたりするような人を
どう思いますか？（数人の子とやりとりをする）

　先生も，とても素敵なことだと思っています。おかげで，授業がスムーズ
に進み，みんなで学んでいる感じもします。

　仕事をどんどんしてくれる人がいると，それだけでよい学級だなと思えま
す。みなさんはどうですか？（数人の子とやりとりをする）

　でも，どうでしょう。本当に，その数人だけが頑張る教室がよい教室なの
でしょうか。本当にそう言えるのでしょうか。どうですか？

　よく考えてみると，本当は誰でもできて，誰でも務まって，時間や場所に
関係なく，みんなが積極的になれたらいい気はしませんか？　誰か1人が目
立つのではなく，いつもみんなで気を利かせ合って，「いいよ，やるよ」「じ
ゃあ今度は私が」「あ，お願いね」のような教室になったらどうですか？

　本来，一人一人がやるべきことをやって，それぞれの仕事に責任をもって，
毎日少しずつ，淡々と過ごせたら，きっと誰かに負担がかかりすぎたり，特
定の人ばかりが目立ったりするようなことはなくなると思うんですよね。

　今までにこういう話をされてきたかどうかはわからないけれど，先生は教
室では目立つ人が少ないといいなと思っています。誰かが目立つということ
は，誰かが目立たなくなるということだからです。

　でも，教室では30人が一緒に生活をしています。先生は，30人全員に目を
向けたいと思うし，全員のことをちゃんと見たいと思っています。

　ある特定の人ばかりが目立ってしまうことは，うれしいことのようで悲し
いことでもあります。

　「いい意味で目立たない」。そのことで，集中していることも伝わります。
本当に集中力の高い人や，周りのことを考えている人は，きっといい意味で
目立たなくなっていくはずです。

後ろ姿で語ろう

 自分のことを俯瞰させたい

　全体的に静かに課題に取り組んではいるものの，子どもたちの姿勢が気になる時があります。例えば，机に突っ伏した状態で取り組んでいる子。机と胸元が同じ高さになるくらいに椅子に浅く座っている子。左腕を枕のようにして寝ながら右手で鉛筆を持っている子などです。

　確かに「静か」ではあるのですが，どう見ても嫌々やっているようにしか見えません。個別に声をかけ，「姿勢を正そう」「ちゃんと座ろう」と言うものの，「糠に釘」状態になるのは目に見えています。

　しかし，そのままにする気にもなれません。教師と子ども，双方にとってよい状態ではないからです。

 トークポイント

　教師の立ち位置が大切だと考えています。前に立ち，子どもたちと相対してしまうと，どうしても消極的な指導に向かってしまいます。できていない子に目が向いてしまうからです。

　だからこそ，教師は教室後方から見守るようにします。**背中を見て意欲の判断をする**のです。「背中を見よう」と思って後ろに立つと，「できている子」「頑張ろうとしている子」を探す教師の眼差しが変わってきます。より頑張っている子にフォーカスする意識で見るのです。

　みなさんは，「頑張っている」かどうか，「しっかりやっている」かどうかをどうやって判断していますか？　Aさんはどう思いますか？（一番後ろに座っている子に尋ねる）その席から見ていて，誰が一生懸命取り組んでいるように見えますか？（何人か名前を挙げてもらう）

　なるほど。BさんやCさんですね。なぜそう感じましたか？　だって，後ろからでは机の上は見えませんよね？　表情も見えませんよね？　どうやってそう判断したのですか？

　先生は，多分，「背中」で判断したのかもしれないと思っています。みんな，Dさんのことを見ていてください（真ん中の一番前に座っている子を指名する）。今から何パターンか実演してもらいます。

　じゃあ，超頑張っているようにノートに向かって座ってごらん。次は，面倒くさそうに座ってごらん。どう？　みんな，座り方で結構印象は変わるものでしょ？　まあ，座り方が悪くても，やっていることをやっていればよいのかもしれないけれど，ここは家ではありません。学校です。教室です。

　誰か1人の座り方や態度は，教室全体に広がります。いい姿勢の人が増えれば，隣の人，そのまた隣の人といい空気が広がります。逆に，不適切な座り方の人がいれば，そこから教室がほころんでいきます。よくない空気に流されていきます。

　実際，ノートを見てみたり，テストの点数が出てみたりしないとわからないことはあります。いい姿勢だからと言っていい結果が出るかはわからないからです。でも，頑張っている背中を見せることは大切です。そうやって集中力や緊張感のある教室をつくっていきたいからです。

　先生は，みんなのことを後ろから見ていたいと思います。手元は見えませんが，背中は丸見えです。みんなの頑張ろうとする姿勢を，後ろ姿で見せてください。

余白を使え

 隙間時間の大切さと価値を考えてほしい

　授業中，どうしても空白の時間が生まれてしまうことがあります。

　そして，その時間になると，子どもたちが何をしてよいかわからず，ざわついてしまうことがあります。

　例えば，プリントが終わった後の数分でおしゃべりをしてしまう。ノートを書き終わったらぼーっとしてしまうなどです。

　本来は，「次は何をするのかな？」「これってどういうことだろう？」と次のことを考えたり，自分なりに学びをまとめたりすることが望ましいはずです。しかし，子どもたちが「受け身」的なマインドのままだと，どうしてもその空白の時間をうまく使いきれない場合があります。

 トークポイント

　教室全体で何かをしようとする時，「空白の時間は必ずできる」という前提で過ごさなければなりません。漢字練習でも，計算プリントでも，テストの後でもです。もっと言えば，サッと板書を写し終わった後の数秒でさえ，何かできるはずだと考えています。

　決してうるさくなる子を叱責して，「余計なおしゃべりをさせない」というわけではありません。**何か自分なりの充実した過ごし方を見出してほしいと願って話す**ことが大切です。

　みなさんは，学校で自分が自由に使っていい時間がどのくらいあると思いますか？　その時間が増えたらうれしいですか？　もしそんな時間があったら何がしたいですか？（数人の子とやりとりをする）

　実は，みんなで同じように学校生活を送っていても，人によって自由に使える時間が違います。多い人もいれば，少ない人もいます。その違いは何でしょうか。

　それは，隙間時間の使い方です。

　例えば，Ａさんは５分休憩の度に本を読んでいます。それでも，授業準備はきちんとやっているので，３〜４分は読んでいると思います。５分休憩の時間を全て合わせたら，それだけで多くの読書時間が生み出せますね。

　そう考えるとたった５分でもふざけて過ごして終わる人，休憩せずに遊んでしまって，授業が始まるというのに「トイレに行ってきてもいいですか？」と焦って過ごす人もいます。それなのに，「本を読む時間がありません」などと堂々と言い放つ人もいます（冗談っぽく）。

　これは，計算プリントの後でも，漢字練習の後でも同じように言えることです。テストの後の過ごし方には，時間を大切に使っているかどうかがよく見えてきますね。

　もちろん，読書に時間をあてる人，係活動に時間を割く人もいます。未提出の課題をせっせとやり始める人もいます。

　先生は，こうした隙間時間のことを「余白」と言っています。真っ白な時間に，自分のしたいことやすべきことを書き込んで過ごすという意味で，余白の時間です。

　自由な時間が増えればうれしい人はたくさんいると思いますが，まとまった時間はそう簡単に手に入りません。だからこそ，あなたたちは余白の時間を見つけて自分の時間をどんどん増やしていくべきなのです。

プラス **1**（ワン）

 ## 主体的な姿を引き出したい

学習でも当番活動でも係活動でも，自分たちでよいと思ったことはどんどん活動させるようにしています。しかし，最初から意欲的に活動する子ばかりではありません。

そして，課題や活動を「やらない子にやらせる」より，「当たり前にやる子に創造的な活動を促す」方がよっぽど難しいと考えています。

つまり，言われたことは丁寧にやるようになりますが，それ以上はない場合が多く，1から10まで全て指示を出さなければならなくなり，教師ばかりが大変になるのです。

子どもたちを育てるためには，**「当たり前のその先」**を求めたいものです。

 ## トークポイント

子どもたちには，「言われたことだけをやっていればよい」というマインドが根付いているように感じます。ですから，「なぜもっとやらないんだ？」「どうして言われたことしかできないんだ？」と責めても仕方がありません。

そういう指導を受けてこなかった場合が考えられますし，そもそも経験がなければ難しさを覚えるのも無理はないからです。

子どもたちがプラス1（ワン）で手を加えることの楽しさや，自分らしさを大切にできるように話すとよいでしょう。

トーク

　班ごとにプリントを回収して持ってきてもらえますか？　よろしくお願いします。（全班から受け取る）はい，ありがとうございました。今先生が思ったことを伝えたいと思います。

　Ａさんは，プリントを先生向きに向け直してくれました。「持ってきて」と言っただけなのに，「揃える」「向け直す」という心遣いを感じました。

　Ｂさんは，先生に手渡す時に「お願いします」と一言添えてくれました。先生がお願いしているはずなのに，何だか温かい気持ちになりました。

　Ｃさんは，まだ班の人が書いている最中だということを伝えてくれました。自分のことじゃないのに「すみません」と言ってくれました。責任感があるなと感じました。

　今紹介したことは，全て先生が「プリントを回収して持ってきて」と言ったことに「プラス」してみんながしてくれたことです。とてもうれしいことでした。ありがとうございました。

　物事には，必ず心が表れます。先生のことを思って向きを変えてくれたり，「お願いします」や「すみません」という気持ちを表現してくれたりしました。

　こういう一言，つまり「プラス1」があるといいですよね。落とし物を拾ってあげて「はい，どうぞ」でもいいし，物を受け取って「ありがとう」でもいいですね。

　掃除が終わってからの「プラス1掃除」も考えられるし，宿題をやってからの「プラス1問題」もありますよね。残食を減らす意味では「プラス1おかわり」もあるでしょうね。ごみ拾いだって廊下歩行の「プラス1」になるし，生活を見直すと「これ，やってみよう」「これ，やった方がいいかな」と思う「プラス1」はたくさんあります。

　自分のできる「プラス1」を探し，周りを笑顔にしてあげてください。

準備が8割

 次の学習活動を予測して行動させたい

　私たちは，授業の合間の休憩時間を使って，授業の準備をします。教科書を出したり，タブレットを用意したりするでしょう。場合によってはテレビを設置し，本時で使うプリントの準備もします。

　しかし，万全の態勢で授業の開始時刻を迎えるのに，子どもたちの準備が整っていない時があります。号令がかかってから準備を始めたり，前の時間の教科書を片付けたりします。

　その数分が，私たちのイライラを募らせることも少なくありません。

 トークポイント

　日々の授業準備に限らず，クラブや委員会活動の移動，専科の先生をお迎えする授業や学年集会など，事前準備が必要な場面は様々です。

　ここでは，外側（見た目）の準備をさせると同時に，内側（心構え）の準備を整えるようにさせていくことが大切です。

　つまり，教科書やノートが揃っていたり，整列して移動したりすることだけではなく，「今日はどんな内容だろうか？」「昨日やったことって何だっけ？」と授業や活動に対する心構えが大切だということです。

　それを抜きにして，外側だけが整った状態で満足してはなりません。**大切なのは，子どもたちの準備に意欲を内在させていくこと**です。

　例えば，１年間授業をすると1000時間以上になります。そうだよね。だって５〜６時間の授業を年間約200日の登校日数で考えると簡単だと思います。

　それで，今のみんなの授業準備の様子を見ていると，少しもったいないなと感じます。なぜなら，確実に開始数分間ずつタイムロスしているからです。

　授業の号令がかかってから準備をする人がいます。平気で遅れて教室に入ってくる人もいます。さらには，算数だというのに，前の学習の国語の教科書が開きっぱなしになっている場合もあります。

　これでは時間はどんどん減っていって，学習はなかなか進みません。みんなのスピードなら，この数分で大きな学習効果を得られると思っています。それなのに今の状態ではもったいないと言っているんですね。

　だから，伝えたいのは「早く準備をしなさい」とか，「教科書は出しておきなさい」とかではなくて，「成長のチャンスを無駄にしちゃダメだよ」ということなのです。

　例えば，サッカー選手の三浦知良さん，元野球選手のイチローさん，テニス選手の錦織圭さんなどは，試合の何時間も前に会場に入って準備をするそうです。プロの選手でさえ，こうやって準備に時間をかけます。

　そう考えていくと，みんなが過ごしている休憩の５分間は，休憩ではなくて，準備に使うべき時間なのです。

　すると，「昨日の学習は何だったかな？」「今日のページはどこからかな？」と勝手に復習や予習が頭の中で始まります。先生が「昨日やったことは何？」「今日はどこからかな？」と聞いた時にすぐ答えられます。

　授業開始にロスしている数分が使えるようになり，加えて，授業がスムーズに進みます。これが毎時間，１年間続いたら，多くの時間がみんなの成長に使えます。成長も成功も「準備が８割」です。準備がその大部分を占めているのです。これからの，みなさんの準備に注目したいと思います。

逆算する

 物事の手順やプロセスに目を向けさせたい

　言われたことを言われたようにしかできない子が多くなっていると感じます。ここ数年，高学年をもたせていただく機会が多いのですが，どうしてもその場で言われたことを言われたようにしかできないのです。

　また，予告したり活動のゴールを示したりするのですが，その指示が何を意味しているのかわからず，思考停止している場合もあります。

　困ったら聞いて進める力は必要ですが，**ある程度見通しをもって活動に取り組む力も必要**だと考えています。

 トークポイント

　子どもたちの多くは，活動の手順を１から順に考えます。学校生活がそういう仕組みになっているからです。「１時間目は…」「今日の学習課題は…」「まずほうきで掃いてから…」「配膳台を準備して…」と，大抵の活動は頭から決まっていきます。

　しかし，全ての活動には「ゴール」があります。帰りの会で今日の振り返りがあり，学習のまとめがあり，掃除や給食にも感謝の気持ちをもつような目的があるはずです。

　何のためにこれをするのか，そこにどんな意味があるのかという，目的と手段を体系的に伝えていくことが大切です。

　学校生活では，様々なゴールがあります。100m走のゴールは，ゴールテープ，100m地点ですね。みんな，「速く走りたい」「1位が取りたい」「負けたくない」など，ゴールの瞬間をイメージしてスタート位置に立ちますね。

　これは，逆算して考えていることです。ゴールがあって，走っている自分がいて，だからスタート位置にいる。ゴールから考えているということです。

　じゃあ，勉強だったらどうだろう？　掃除だったらどうだろう？　給食だったらどうだろう？　学校生活の中には，それぞれの活動ごとの小さなゴールや，1日を通したゴール，1週間や1か月，1学期，1年間というゴールがあります。

　例えば今日は，6年生になって15日目ですから，卒業までは187日になります。ゴールがあって，もう走っている最中なのですね。

　みんなはどんな卒業式を迎えたいですか？　近くの人と話してごらん。

　教えてくれる人はいますか？（数人の子とやりとりをする）

　先生も，みんなが今教えてくれた卒業式の迎え方に賛成です。本当にそういう最終日が迎えられたらいいなと思っています。

　じゃあ，そのためにどうしますか？　何をしますか？　こう考えていくことが，卒業というゴールを見据えた「逆算思考」なんですね。ゴールから逆に考えて今を見つめていくということです。

　すると，じゃあ1学期末にはどうなっていたらいいかな…と考えることができるよね。目標設定です。すると，今度は今月の目標がもてそうです。さらに，じゃあ授業はこうしなきゃな，掃除だって手が抜けないな，給食の時間さえ自由な時間ではないのだなと思えます。

　考えなさい。どんなゴールがあるか。考えなさい。どんな自分になりたいか。そして，そのためにどうすべきか。先生は，みんなが考えるゴールやそのステップを応援したい。一緒に逆算して進みましょう。

かっぱえびせん

 「自分のよさ」に自信をもって活動させたい

　教室で過ごしていると,「いや,いいです」と変に謙遜したり,「先生,やめてください」とほめられるのを拒否したりする子がいます。

　もちろん,過度な承認は逆効果になると思いますし,子どもとの関係性が構築されていない場合はやめた方がよいと判断することもあります。

　しかし,多様性が叫ばれる中で,その子がその子らしく頑張る姿を大切にしたいと思うのは当然です。

　「そのままのあなたでいいんだよ」「今のあなたが輝いているよ」というメッセージを伝えながら,自信を育てていきたいと思います。

 トークポイント

　教室内で注目されると萎縮してしまう子もいます。ほめることで喜び,素直に受け取ってくれる子もいますが,教室にはそういう子ばかりではないことを前提としなければなりません。

　また,「それ,いいと思うよ」「頑張ってほしいな」という伝え方は,アイメッセージとして関係性を構築するために効果的です。しかし,その効果を持続させることは難しくなります。「周りの目」が気になってしまうからです。

　よいことはよい。よいことは自信をもって続けるべきだ。というマインドを教室全体に広げながら個を引き立てることが大切です。

　（作文を書いたり，問題に取り組んだりしている時に，教室を歩きながら声をかけていきます）

　うん。素晴らしい。いいね。かっぱえびせん。あなたのここも素敵。いいね。かっぱえびせん。いや，これはお見事だ。いいね。かっぱえびせん。

　（一通り教室を歩いたら説明する）

　かっぱえびせんの意味がわかる人？（子どもたちは大体シーンとしている）

　「かっぱえびせんは，おいしくて食べるのをやめられなくて手がとまらない」というコマーシャルがあるでしょう？（子どもたち「そういうこと？」）

　そうです。「やめられない，とまらない」ということです。

　今，先生はみんなの様子を見て回っていました。超丁寧に取り組んでいたAさん，その丁寧さはあなたの真剣さだ。絶対やめてはいけないよ。続けるんだ。スピードを意識してやっていたBさん，その速さがあればどんどん前に進んでいける。周りを気にしすぎず，やれるならもっとスピードを上げてごらん。わからないことをわからないままにしないCさん，頼れる友達がいることはうれしいことだね。きっと，あなたのその素直さがあれば，誰だって助けてくれるよ。

　一人一人を言っていけばキリがないけれど，みんなそれぞれによさがありました。一人一人の違いが光っていました。みんな違ってよいはずなのだから，変に周りを気にして「同じ」にしないでほしいです。

　でも，その違いを認めながら，お互いのよさを取り入れ合っていけたら，もっとこの学級がよくなっていくと思います。

　学級のために，そして自分自身のためにも，よいことはよいのだから，続けてください。そういう意味で「かっぱえびせん」と言いました。

　はい，じゃあ「かっぱえびせん」の続きをしましょう。どうぞ。

仕事はつくる

 ## 自分らしい発想で活動してほしい

　教室にはたくさん働いてくれる子がいます。「先生，何か手伝いましょうか？」「先生，これやりましょうか？」と声をかけてくれる子がいるのです。

　子どもたちは，何とかして役に立とうとしてくれます。献身的な気持ちがとてもうれしいです。

　その反面，「仕事がない」と言って，活動しない子がいるのも事実です。きっと，「黒板係」「手紙係」などの与えられた仕事を，イメージだけでやっているのでしょう。

　もっと，**クリエイティブな仕事を生み出せたらいいな**と考えています。

 ## トークポイント

　「すぐに仕事はつくれない」と思っておくことが大切です。そして，「つくってみた仕事」に対して，ポジティブなフィードバックをし続けることが大切です。受け身であればあるほど，クリエイティブな仕事が難しくなります。

　人は，見たものや聞いたことを組み合わせ，それに自分の願いや思いをかけ合わせて仕事を生み出していきます。

　「何をしたらいいか？」という問いではなく，「どんな学級にしたいか？」「どう自分の力を発揮したいか？」という視点で考えることで，仕事を生み出すきっかけになります。また，その感化の輪を広げることも大切です。

　今から，係カードを書いていきたいと思います。係ごとに画用紙を持って
いってください。

　「係名」「メンバー」「仕事内容」を書きますが，そこに「キャッチフレー
ズ」をつけてほしいと思います。

　例えば，「みんなを笑顔にするあいさつ係」とか「学級を仲良くするため
のレク係」とか「何のためか」を明確にして係活動をしてほしいです。

　この目的意識があれば，今までやってきたような仕事も変わっていくと思
います。ただ黒板を消すだけの黒板係ではなくなり，ただ手紙を持ってくる
だけの手紙係ではなくなるはずです。

　みんなは，何のために係活動をしますか？　どのような目的をもつべきだ
と考えていますか？　与えられたからやる仕事ですか？　じゃんけんで負け
たからやる仕事ですか？　違いますね。

　世の中の仕事は，誰かのためにつくられてきました。移動したいと思うか
らタクシーやバスが生まれ，電車や飛行機や船が生まれました。ものを食べ
たいと思うから飲食店が生まれ，さらにお客さんの要望によって様々な種類
の仕事が生まれました。

　今ではテクノロジーを使った仕事も増えていますね。これからどんな仕事
が増えていくのか，生み出されていくのか楽しみです。

　みんなは，そういう時代を生きていきます。だから，まずは教室のために
働く，仕事をつくっていく経験を積んでほしいです。あなたには何ができま
すか？　どんな方法で教室のみんなを笑顔にできるでしょうか？　どう貢献
したいですか？

　最初はうまくつくれないかもしれません。何をやっていいかわからないか
らです。だからこそ，係のメンバーでたくさん話し合ってみてください。

　迷った時は先生に相談してください。全力で応援したいと思います。

気を利かせる

 教室へのオーナーシップをもたせたい

　ごみが落ちていても拾わない。プリントが落ちていても拾わない。水道周りが水で汚れていても気づかない。給食後のストロー袋の始末が悪い。

　若い頃は,「なんで拾わないんだ！」「汚いままでいいのか！」という気持ちでいましたが,今ではそういう部分に気づかない子が増えてきたのかなと捉えるようになりました。自分の机やロッカーさえきちんとできていれば,部屋（教室）が汚くても気にならないし,気にしないということです。

　そう考えると,**「私『たち』の教室」という意識が低くなっている**のだと考えることができます。

　教室が子どもたちにとっての「ホーム」になるとよいなと考えています。

 トークポイント

　教室が汚れていたり乱れていたりする時,「その状態」の良し悪しだけを注意すると,教師と子どもとの間にギャップが生まれます。

　例えば「ごみが落ちている」とします。担任は「誰が拾うのか」と見ていますが,子どもたちは「自分が落としたものではない」と考えています。

　それなのに,「誰か拾いなさい」と言っても,「なんで私が？」となるわけです。そのギャップを埋めながら行動化させないと,主体的とは真逆の受動的な指導になってしまいます。

　みんなは「気が利く」って言われたことはありますか？（数人の子とやりとりをする）

　先生も，この教室で過ごすようになって「気が利くなあ」と思う行動を見たり，そういう人を見つけたりするようになりました。

　気の利いた行動に出会うと，本当に感謝の気持ちが大きくなります。本当にありがとうございます。

　先生は，「気が利く」ということを，「教室でみんなが居心地よく過ごすために，周りをよく見て観察し，気づき，自分が今できることとして人任せにせず，自分で実行に移す力」だと考えています。（書くとよい）

　だから，みんなにはまず，この教室は自分たちの部屋なのだという意識を高めてもらいたいです。自分たちの空間だと思えば，そこに落ちているごみも，あの乱れた本棚も，見えない掃除用具入れの中だって，「自分が整えるべきだ」と思えるはずです。

　どうしても，「私じゃない」「なんで私が？」と思うと，気の利く行動はできません。自分のことしか考えていないからです。

　でも，ここは教室です。みんなの空間です。みんなのことを考え，みんなで気を利かせ合い，みんなで過ごす部屋です。

　こういう意識を「オーナーシップ」と言うことがあります。みんなはこの教室の「オーナー」なのです。

　逆に言うと，みんなはお客さんではありません。「ゲスト」ではありません。なので，ゲスト感覚でこの教室にはいられません。

　今あなたに何ができますか？　教室を見渡して，居心地よく過ごすためにどこを整えたらいいと思いますか？　2分間時間を取りたいと思います。この教室のオーナーとして，一人一人が気を利かせてみましょう。はじめ。

脱・指示待ち

 ## 自分で考えて行動させたい

　休み時間の度に,「先生, 次は何ですか？」「先生, 次はここですか？」「先生, 何を持っていったらいいですか？」「先生, 先生, 先生…」と声をかけられることが少なくありません。

　確かに, 学校生活では多くの「指示」が出されます。教師の口から発せられるその多くが指示だと言ってもよいでしょう。

　しかし, 子どもたちをどう成長させたいか考えた時, 指示を待っているだけの状態にしてはならないと考えます。**自分で自分を成長させられるような子どもたち**にしていきたと思います。

 ## トークポイント

「脱・指示待ち」と言っても, 指示をしないわけではありません。

　指示がきちんと聞ける状態から徐々に脱していくステップを踏みます。

　指示が聞けるという状態で導入していかなければ, 何でもありの勝手気ままになってしまいかねません。実は「脱・指示待ち」もまた, 教師の指示に入るからです。**「もし指示があるとすればどのような指示だろうか？」と考え, 行動に移していくようにさせる**のです。

　ただし, 教師の顔色をうかがって行動しないように注意する必要があります。子どもたちにご機嫌取りをさせてはなりません。

（運動会の前日準備のエピソードです。声は割と大きめに話します）

　静かに集合してくれてありがとうございます。練習で疲れている中，しかも6時間目に，6年生だけ残って作業。気が乗らない人もいるかもしれません。そんな中，集まってくれてありがとうございます。

　こうやって，集団が動いてくれると，今から行う準備に期待できます。一人一人の力が重なって，きっと終了時刻よりも早く終わる気がしているからです。みなさんで力を合わせて頑張りましょう。

　では，それぞれの持ち場に分かれて準備を進めますが，1つだけお願いしたいことがあります。それは「指示が出るのを待つな」ということです。

　もちろん，担当場所で仕事内容を伝えられるとは思いますが，その後は自分でどんどん準備を手伝ってください。運動会の準備としてふさわしい状態をつくっていきましょう。

　困ったら近くの先生に聞いてください。これもまた，指示が出る前に仕事を取りにいく姿勢です。言われたことだけやって，言われていないからだらだら遊んでいることなどないよう，常に周りを見て指示を出されないように動きましょう。

　これを，「脱・指示待ち」と言いますね。多くの人は「指示待ち」です。「次は何ですか？」「あと何やればいいですか？」と指示ばかりを待っているのです。

　やめましょう。「脱」です。そういう待っている状態から脱しましょう。脱却しましょう。そういう自分を脱ぎ捨てましょう。

　自分の仕事が終わったらどうしますか？　そうですね。他の仕事を手伝いますね。それがなくなったらどうしますか？　そうですね。ここに戻ってきて整列しますね。今のみんなが，もう「脱・指示待ち」の状態ですね。

　では，準備に取りかかりましょう。いってらっしゃい！

つかみ取る学び

 何事にも，自分から進んで学習活動させたい

　プリント学習，漢字・計算ドリル，読書，宿題など，学校では「与える学び」が多く存在します。子どもたちにとってみれば，「受け取る学び」が多いのです。

　しかし，本来学びはつかみにいくものだと考えています。そう考えると，実は「与えられている」と思っていた学びに，「つかみ取れる学び」が隠れている場合があります。

　意味のあるものだけを与え続けるのではなく，**今あるものに意味をつけていけるような学び手を育てていきたい**と考えています。

 トークポイント

　漢字が書けるかどうか，計算ができるかどうかではなく，「どう学んだか」「その学びの価値は何か」「学んだことで何がどう変わったか」を大切にしていきたいと考えています。

　たった1枚のプリントにある学びの要素，たった5分の漢字練習にある学びの可能性を子どもたちと見出していきたいのです。

　受け取る学びがあることは否定しません。教師が与えて学ぶ部分もあると思います。しかし，それ以上に**子どもたちの学び手としての意欲を育てることが大切**です。つかみ取る持続可能な学びとは何かを考えましょう。

　今日の授業で成長できることは何でしょうか。（数人の子とやりとりをする）

　確かに，分数の計算ができるようになるかもしれません。解き方を考える力もつきそうですね。

　それに，例えば隣の人に聞いたり，発表してみたりすることで，自分から何かをつかむことができるかもしれません。

　今日の45分では，まずみんなで学習を進めながら，ポイントや計算のコツについて考えていきます。これは，どちらかと言えば，「受け取る学び」になると思います。先生や，周りの友達から何かを教わるとか，与えられることがあると思います。

　でも，そんな中でも「どうやったらいいのか？」「ここがわからないんだけど…」「こう考えてみたらいいんじゃないか？」と自分から頭を使っていくと，もっと成長できます。

　例えば，授業の後半は練習問題に取り組むことになりますが，練習問題自体は「与えられる学び」であって，みんなが「受け取る学び」のように考えがちです。

　でも，問題に対して「こうだからこうするのか！」「なるほど！ そういうことね」と意味や理由を考えること。そして，友達との対話を弾ませたり，意見が違う人とのやりとりを楽しめるようになったりすれば，「算数の学び」以上の成長ができるはずです。

　それは，「やる気」だったり，「粘り強さ」だったりするでしょう。心の部分が育っていくんですね。

　でも，残念ながら，そういう気持ちの面は先生が与えられるものではありません。

　自分で，自分たちで「つかみ取って」いくものです。それでは，算数の学習を始めましょう。

作業から学習へ

 ## 「こなす学び」から脱却させたい

多くの学習が，作業化しているように感じます。

例えばプリント1枚とってみても，穴埋めをすることが目的となり，正解して丸をもらうことが目的となっていたり，何のためにそのプリントに取り組んでいるのかわからないまま，プリントを終わらせることに力を注いでいたりするように思うからです。

そうした**作業化された学びから，子どもたちが学ぶ時間なのだという意味の学習へ，子どもたちの意識を変化させていきたい**と考えています。

 ## トークポイント

こなすことが悪いわけではありません。穴埋めをすることは大切ですし，正解を知って考えることもあります。

大切なのは，その子が「今やっていることが作業なのか学習なのか」と自問自答することです。

受け身のまま，受け身であることに気づかず，主体性を失って進んでいる状態に気づかせたいのです。

子どもによっては，正解がわかることで安心する子もいます。その上で**意味を考え，何を学び，何ができるようになったかを考えることが大切**なのです。

　家庭学習のノートを見せてもらいました。みんなが家で頑張ってきた様子が伝わってきました。

　それで，感じたことがあります。それは「こなしているだけ」のノートと，「心が入っているな」と思うノートがあることです。

　この違い，言っていることがわかりますか？（数人の子とやりとりをする）ありがとうございます。

　みんなは，家庭学習って何のためにあると思いますか？（数人の子とやりとりをする）そうですね。もちろん，漢字を覚えたり，計算ができるようになったり，社会科の人物を覚えたりすることがあります。

　そんな中で，日記を書いてくる人もいます。そういう人は，自分の心が入っていると思います。どんなことを思って，何を感じたかが書いてあるからです。

　先生は，全員に日記を書いてほしいとは思いません。でも，ノートを見た時にみんなの心が見えたらいいなとは思っています。

　そこで大切になってくるのが，「作業」なのか「学習」なのかということです。はじめから「学習って何だろう？」と考えすぎる必要はありませんが，「作業にするのはやめよう」と思ってもらいたいです。

　例えば，1行目から最後までひたすら漢字を書いてくるとか，最初から最後まで計算10問を解いて終わるようなことです。

　これは，作業です。確かに漢字を覚えるかもしれないし，計算力が身につくかもしれない。でも，「この漢字を使ってこうなりたい」「計算ができるようになったらこうしたい」という気持ちがあるといいですね。そして，家庭学習をやってみて自分自身のやり方や考え方がどうだったか，次はどうすべきかまで振り返ることができたら，それは学習なのではないでしょうか。

　（1冊紹介しながら）明日のノートに心が入っていることを願っています。

北風か太陽か

 ## 人との関わり方について考えさせたい

　教室で過ごしていると，どうしても人との関わりがあります。教師と子ども，子どもと子どものように，関わることは欠かせません。

　そして，よりよい教室をつくろうとする時に，きっと「自治的」な教室を目指すことを考えるでしょう。自分たちで注意し合って過ごすような教室です。

　しかし，その子がよかれと思って注意しても，それが逆効果になる場合があります。きつく注意したり，口調が荒くなったりする場合です。

　学級のために注意してくれていることはわかるのですが，どうも注意する子とされる子の認識が噛み合っていないように感じるのです。

　どうしたら**よりよい関係性の中で自治的な雰囲気ができるか考えさせたい**ものです。

 ## トークポイント

　「注意をするかしないか」「言い方が良いか悪いか」のような二項対立の構造で話をすると，子どもたちが迷います。よりよい教室をつくろうと思ってしていることなのに，それを頭ごなしに否定された感覚になってしまうからです。

　同じ注意でも，やり方によっては効果が変わってくることに気づかせ，その上で自分がどんな行動を選択するか考えさせるようにします。

　理科の授業で「うるさい人がいた」と報告を受けました。みなさん，そういう事実があったことは認識していますか？（数人の子とやりとりをする）

　そうですか。わかりました。まず，その先生は残念だったと思いますね。今度，先生からも謝っておきたいと思います。

　それで，もっと大切なことは，そこで「注意があったのかどうか」です。みんなでみんなのことを考えて，みんなのために動いた人がいたのかどうかということです。どうでしたか？（数人の子とやりとりをする）

　それはよいことですね。ありがとうございます。学級のことを考えてくれる人がいるというのはうれしいです。

　実は，この話，「うるさい人がいた」ということの問題点は何か考えてみることが大切です。「Ａくんが悪かったね。はい終わり…」にしてはダメなんです。

　うるさい人がいた。注意する人がいた。それでもうるさかった。ということは，もちろんＡくんがうるさいという原因もあるけれど，「効果的な注意」ができなかったということも考えられます。

　注意してくれたことは本当に素敵なことでうれしいことです。学級のことを考えた行動は何よりも素晴らしい。でも，そのやり方がもっとよくなれば，今からもっとよい注意がし合えるようになるはずなんです。

　「北風と太陽」のお話を知っていますか？　旅人のコートを脱がせようと，北風はビュービューと風を吹かせますが，旅人がコートを押さえたために，脱がせることができませんでした。逆に太陽は，ポカポカと旅人に日光を浴びせ，その暖かさでコートを脱がせることに成功しました。

　先生も時々，みんなに強い口調で注意することがあります。みんなは素直に聞いてくれますが，先生は「ああ，今の言い方は北風だったな」と反省することがあります。ぜひ，教室に「太陽」の言葉を増やしていきませんか？

共感と同感は違う

 「その人」と「行動」を切り離して考えさせたい

　教室でのトラブルの多くは，人間関係が原因です。学年や学級の実態にもよると思いますが，暴力のようなトラブルから，物が壊れるようなトラブル，言葉による罵り合いがあるかもしれません。

　しかし，そうした表面上の現象に対して「しません」「やめます」という指導をしても，子どもたちの内面的成長が期待できるわけではありません。

　そして，その理解不足から，教師と子どもの関係性が失われていくケースも考えられます。

　関係性を築きながら，子ども同士の関わりをより豊かにしていくための指導ができればと考えています。

 トークポイント

　子どもたちの様子や状態を見取りながら話していくことが大切です。トラブルなどに関する生徒指導場面では，落ち着いて話ができない子どももいるからです。

　大人の都合で話を進めるのではなく，子どもの話に耳を傾けた上で，「でも先生はこう思っている」という立場を取ることが大切です。

　その子の**安心感を大切にしながら，納得してもらえるように話をしていくことが，視点を与える意味で大切**になると考えています。

　（教室で口論している場面に出会いました。お互い興奮状態で，今にも取っ組み合いのケンカが起こりそうな状態でした）

　一回座ろう。座りなさい。はい，ありがとうございます。

　きっと2人の間に何かあったんでしょうね。その辺の詳細については後で聞かせてもらおうと思います。いいですね？

　それで，です。ここは教室です。全員で過ごしている空間です。ここで口論して，ケンカに発展してしまうということは，言い過ぎかもしれませんが，お店の中でも，ケンカができてしまうということです。家ではありません。みんなのことも考えないといけません。

　今，先生も「うるさい！」「やめなさい！」と強く言えば終わったかもしれない。でもしません。叫ぶ場所じゃないからです。そして，2人は「話せばわかる」と思っているからです。ここまで，いいかな？

　でもまあ，先生も2人のことは大切に思っているから，きちんと理解はしていたいと思っています。

　何があったかはまだわからないけれど，きっと許し難いことがあったのかな。ひどいことをされたのかな。それをお互いに何か思っているのかな…。

　辛かったですね。嫌だったと思います。その気持ちについては，先生は「共感」します。同じ気持ちです。先生も6年生だったら怒っていたかもしれません。

　でも，残念ながら，今2人がしている行動には「同感」しません。2人の気持ちには共感するけど，やってしまった行動については同感できないということです。

　もっと別の方法で何とかできたらよかったんじゃないかなと思います。だから，話を聞かせてください。それで，お互いに何を思っているのか教えてください。その上で，どうすべきか，もう一回考えましょうね。

重要と急用

 優先順位が何かを考えさせたい

　学級事務をはじめ，校務分掌やアンケートなど，大なり小なり多くの仕事を抱えているのが教職員の現状かと思います。多くの先生方が，そんな中で何を優先し，どう仕事を回しているのか気になっています。

　子どもたちも同じように，様々なことの中からその時々で選び，行動しています。

　高学年になるにつれ，係活動や委員会活動，実行委員活動が増えてきます。また，学習の課題が終わらず，休み時間や授業中に仕上げている姿も見かけます。

　だからこそ，**子どもたちが何を優先し，どうタスクをこなしていくかを考えるようにさせなければならない**と考えています。

 トークポイント

　「今はこの時間だから」という着地点で話をしてしまわないようにします。大切なのは，子どもたちが自分のしていることの意味やその状況を理解するということです。

　「算数だから係の仕事はやめなさい」という声かけは，子どもの思考停止を生み出します。算数と係の仕事を天秤にかけることでその**重要性を明らかにしながら，納得感のある行動選択に導いていくことが大切**です。

　それでは，算数の学習を始めたいと思いますが，その前に１つ注意があります。Ａさん，あなたのことです。理由はわかりますね？

　その通りです。今しまってくれた紙です。それは係活動の紙ですね？

　みなさんは，Ａさんが書いてくれる新聞を読んでいますか？　読んでいますよね。楽しみですよね。Ａさん，よかったですね。ちなみに，先生も毎回読ませてもらっています。

　きっと，Ａさんにとっては，その仕事が何より「重要」なのでしょうね。毎日出すから，急がなければならない。「急用」でもあるのでしょうね。

　こんな図があります。（十字の座標軸を書く）

　縦が重要度です。上に行けば行くほど重要です。横が急用度です。右に行けば行くほど急ぎの用事になります。つまり，右上が「重要であり急用であること」。左下は？「重要でもなく，急ぎでもないこと」ですね。

　では，残り２つは？　そうですね。「重要であるけれど，急いではいないこと」「重要ではないのだけれど，急がなければならないこと」ですね。（わかりやすいたとえがあれば，それぞれの学級の実態に合わせて紹介する）

　じゃあ，今Ａさんがやっていたことは，どこに入るのだろう？　隣の人に聞いてみようか。（その後，数人の子とやりとりをする）

　そうですね。重要だけど，今すぐやる必要はなかったかもしれませんね。もちろん，帰りまでに出さなければならないとか，昼休みに遊びたいと思えば，時間を惜しんででもやってしまいたいという気持ちになるかもしれません。それはよくわかります。

　でも，今日の算数は今日しかやりません。今日を逃したらもう一生やりません。それで生まれる友達との対話も，今日だけです。

　Ａさん，算数をどこのゾーンに置きますか？　そして，どちらを選びますか？

加点法と減点法

物事を足し算で考えさせたい

　子どもたちは，あらゆる場面で評価にさらされていると言ってよいと考えています。

　評価と言っても，ABC や100点満点のような尺度ではなく，例えば「声が小さい」とか，「文字が雑」などです。「並ぶのが遅い」とか「給食を残す」のようなことまで，広く「評価」の目で見られています。

　そして，その多くが，引き算で考えられていると思います。いわゆる「減点法」です。確かに，評価において減点をしていくことは楽ではあるのですが，子どもたちを見る目や心構えとして考えると不適切だと感じることもあります。

　その子のよさや，頑張りを加点法で考えられるように意識したいものです。

トークポイント

　まずは，「加点法」という視点を与えてあげなければならないと考えています。子どもたちは，知らず知らずのうちに「できていない」「間違っている」という減点法で考えるからです。

　そのために，「お互いが気持ちよく過ごせるように空気づくりをする」「お互いに高め合えるような関係性を築く」という目的を示し，その上で，**加点法の方がお互いにポジティブな気持ちになれることを確認**しましょう。

今の発表を聞いてどう思いましたか？　隣の人と感想を話し合いましょう。では，何人か教えてください。（何人かとやりとりをする）

教えてくれてありがとうございました。はい，見てください。今出されたものを書き並べてあります。今から赤と青で丸をつけていくので，どう分けているか予想してください。

1つ目，赤。2つ目，青。3つ目，青。4つ目，赤。（子どもたちが気づき始める）はい，どうぞ言ってみてください。

そうですね。赤がよかったこと，青がよくなかったことについての意見なんですね。そう考えると，5つ目は？　6つ目は？

みんなは，どっちの色の感想をもらえたら頑張ろうと思えますか？　先生は，教室に「赤」が多くなるといいなと思います。もちろん，「青」をもらって，直したいと思う人もいるでしょうけれど，きっと赤をもらって頑張ろうと思ったら，青は勝手に直っていきます。青でも直せるとは思うけれど，それは発表の技術的な部分であって，心の部分は弱いままになります。

それで，この赤のような感想を「加点法」って言うことがあります。足し算の考え方ですね。「ここがよかった」「これを頑張っていた」です。逆に青は「減点法」と言うことがあります。「ここが悪かった」「これができていなかった」という引き算の考え方ですね。

教室で生活していると，どうしても減点することが多くなりませんか？　声が小さい・忘れ物をする・掃除をしない・机の中がごちゃごちゃ・文字が雑などです。

どうですか？　マイナスなことを指摘される減点法の見方と，プラスのことに目を向けて励まし合う加点法の見方と，どちらが増えたら教室がよりよくなると思いますか？　きっと，プラスに目を向け続ければ，マイナスは勝手に減っていきます。今から，「加点法」の意識を高めていきましょう。

体の態度，心の態度

 ## 見た目が与える印象について考えさせたい

　一見話を聞いていなさそうで，実は聞いている子がいます。ノートに全く書いていないのに，対話をさせるとガンガンしゃべり始める子もいます。

　しかし教師は，そういった「体の向きがどうか」「目が合うかどうか」「書いていたかどうか」にこだわって注意をしがちです。それは外側の態度（見た目）に対するものであるため，心や思考といった内側の態度にはほとんど指導の効果が得られません。むしろ，「心不在」のまま，外側の状態ばかりを整えればよいという，「話の聞き方」の誤学習をさせてしまいます。

　心が内在化した状態で，能動的に外側の自分を形成できるようにしたいものです。

 ## トークポイント

　姿勢など，見た目が好ましくない状態を責めるような指導がしたいわけではありません。誰かを吊るし上げ，見せしめにし，怒られたくないから直す…のような教室にはしたくないからです。

　それでも，「頑張っているあなたらしくない姿勢だ」「あなたならもっとよい態度ができるのではないか」と励まし，促し，子どもたちが自分自身を見つめ直せるようにしていきます。

　外側に向いていた視点を，自分の内側に向けるようにしていくのです。

　話を聞くこと。それは，お互いのコミュニケーションです。先生とみんな，みんなとみんな。お互いが聞き合うことを通して，居心地のよい空気をつくっていくのですね。

　では，なぜ話を聞く時に体を向けることが大切なのでしょうか。(数人の子とやりとりをする)

　そうですね。相手に失礼ですよね。よく聞くため。聞いたことをきちんと覚えておくため。確かに，色々ありそうですね。

　先生はね，「相手を喜ばせるため」だと思っています。相手が気持ちよく話してくれたら，聞く側にとってもメリットがありますよね。だから，聞き手がどう聞くかによって，相手が喜ぶかどうかが変わってくると思います。

　確かに，目も見ない，顔も上がらない，しまいには体が横や後ろを向いている。それじゃあ話し手も不安な気持ちになってしまいますよね。

　そう考えると，体を向けたり，顔を上げたり，目を見たりするのは，「体の態度」と言えそうですね。

　でも，体の態度だけでよいのでしょうか。(「○の態度」と黒板に書く)

　さて，○に入る漢字は何でしょう。(数人の子とやりとりをする)

　そうです。心です。体の態度をつくっていくと，自然に心の態度もよくなっていきます。はい，じゃあ，「心の態度」を正してみましょう。どうぞ。

　ほら，座り直したでしょ？　心の態度って言ったのに，体まで正すことができましたね。

　口では何とでも言えます。「頑張ります」「やる気あります」と。でも，そうでしょうか。あなた方の「体の態度」を見ていると，もう少し改善できるところがありそうです。…あります。

　先生は，頑張り屋さんなみんなを知っています。だから，きっと態度を改めていけるだろうと思っています。

学力は楽力

 「楽しい」と「楽」の違いを考えさせたい

　教室には笑顔が大切だと言われます。有田和正先生が,「授業中に一度も笑いがなかったら逮捕する」と言われたほど,授業では笑いや笑顔が大切だということです。

　しかし,笑顔になればどんな方法でもよいかと言われたら,それは違うと感じます。笑いにも品の有無があり,変にダジャレを言って笑うのは違うと思うからです。

　確かに一発ギャグで笑わせるのは楽です。でも,本来は,**授業において「わかる・できる」という楽しさ,「関わる・つながる」という楽しさを追求したい**と考えています。

 トークポイント

　この「楽しい」と「楽」の違いを上意下達で教えると,子どもたちとのズレが生じることがあります。一人一人「楽しい」の感じ方に違いがあるからです。

　ここを考えずに「楽しい」と「楽」の違いを担任が線引きしてしまうことで,指導が噛み合わなくなる場合があります。

　まず子どもたちと「笑い」にも質の違いがあることを共通理解し,その上で,**目的に向かうにはどういう「楽しさ」が適切かを考え合う**ようにします。

　今日の授業は楽しかったですね。どうでしたか？（数人の子とやりとりをする）

　そうですね。先生もそう思うことが多かったです。ところで，みんなは普段どんなことに楽しさを感じますか？（数人の子とやりとりをする）

　わかります。みんなが言ってくれたような時，大抵の人が笑顔になっているからです。笑い声もたくさん聞こえてきます。

　じゃあ，今日の授業でそういう場面がありましたか？　ダジャレを言ったり，遊んだりするような場面です。なかったですよね？　きっと，なかったと思います。

　ではなぜ，みなさんは「今日の授業は楽しかった」と言えるのでしょうか。

　それは，楽しいにも色々と種類があるからです。そして，「楽しい」の質も違いますね。

　例えば，問題が解ける楽しさ，答えがわかる楽しさがあります。でも，そのためには計算しなければならないし，わからないことをわかろうとする努力も必要になります。教え合う場面では，相手がわかるように言葉を変えて粘り強く伝えることも必要でしょう。

　そうやって，「楽」をしないで問題に向き合う，壁を乗り越える，苦手を克服する。だからこそ，「楽しい」のだと思います。

　きっと，みんなは今日の授業に真剣に取り組んだのでしょう。そうですよね。一緒に考え合って，一緒に悩み合って，教え合って，気づき合って，だから楽しかったんですよね。こういう学びをしていくと，必ず点数も高まっていきますよ。楽な方に流されない，まっすぐな学習ができるからです。

　点数の意味での「学力」。そして，楽しいという意味での「楽力」。どちらも大切にしながら，これからも「楽しかった」と言える学習をしていきましょうね。

「テキトー」から「適当」へ

 ## よいものばかり提出する必要はないと伝えたい

　大学入試などの問題では，「適当なものを選びなさい」と指示されることがあります。私はその時，「適当」って悪い意味ではないのだと感じました。

　しかし，子どもたちにとっては「テキトー」のイメージが強いかもしれません。「雑」「不十分」「やっつけ仕事」のような感覚です。

　しかし，本来「適切に当たるもの」であるならば，必要最低限でよいはずです。100点を目指しすぎる必要はなく，誰よりも優れたものを出す必要もありません。

　ですから，**テストや提出におけるハードルをいい意味で下げるために，**
「適当」を大切にしていきたいと考えています。

 ## トークポイント

　「適当」の辞書的意味を子どもたちと調べること。また「テキトー」の文字を黒板に書き，どういう印象を受けるかを考えること。これらを通して，自分の取り組み方や活動の仕方がどうかを見つめ直すようにします。

　決して「テキトー」がダメで「適当」がいいということではありません。

　子どもたちが**安心感をもちながら，でも自分の力を発揮して学習に向き合える**ように促していきます。

　今から漢字練習に取り組みたいと思います。……先生が何を言いたいかわかる人はいますか？（数人の子とやりとりをする）

　そうですね。今言ってくれたように，丁寧にやることはぜひお願いしたいことです。はみ出ないように書くとか，ゆっくり書くなどは，丁寧に取り組むことにつながりますね。

　それで，そういう話をしていた時に，ぼそっとつぶやいた人がいました。その人は，こうつぶやいていました。「俺，下手くそだもん」「私，うまく書けない」。この発言を聞いてどう思いましたか？（数人の子とやりとりをする）

　そうですね。下手だからと言ってあきらめるのはよくないし，うまく書けないからやらないのも違いますね。

　先生は，「上手に書く必要はない」と思っています。でも，「丁寧に書くことは大事」だと思っています。漢字練習は「適当」でよいと思います。

　みんな，今，驚いていたけど，「適当」の意味を知っていますか？　辞書で引いてみましょう。「うまくあてはまること」「ふさわしいこと」「ほどよいこと」などが書かれていると思います。

　きっと，みんながイメージしているのは「いい加減なこと」「やっつけ仕事」「不十分で雑」のようなことではないですか？

　これを「適当」と「テキトー」で使い分けることができますね。どう？カタカナの方がみんなのイメージにぴったりきませんか？

　実は，「適当なものを選ぶ」というのは，大学受験などでも使われている言葉で，ふさわしいものを選ぶという意味です。悪い意味ではありません。

　ですから，漢字練習を提出する時に丁寧であれば，それはふさわしいものです。決してAさんのような文字を目標にしてほしいという意味ではありません。ゆっくり，強く，濃く書いてほしいということです。

　終わったら提出です。「適当」を目指しましょう。はじめ。

納得と説得

 話し合いの先を正解か不正解にしない

　子どもたちに話し合いをさせようと思っても，ギクシャクしてしまうことがあります。それは，子どもたちが「正解を見つけるため」に話し合いをしてしまうからです。

　だから，「正解じゃない子」は不安になり，「答えに自信のない子」は消極的になります。

　逆に，「答えに自信がある子」「考えがはっきりしている子」は，安心感から少し上から目線になってしまったり，考えに固執してしまったりして意見を変えようとしない場合もあります。

 トークポイント

　ここで考えたいことは，**お互いの考えをもち寄ってよりよい時間を過ごしたい**ということです。

　そうしなければ，「正解が出て終わり」「間違っていたからダメ」など，話し合いの時間が冷たく，重くなっていくでしょう。

　子どもたちは「そうだな」と思った意見や考えには素直に納得することができます。そういう経験もしてきているはずです。それに加え，「心を動かす」という説得の視点を与え，熱量を帯びた語り口になったり，**思わず感情があふれてしまったりする話し合い**にしていきましょう。

　これから，話し合い活動をしてもらいます。時間は5分を3セットほどやっていこうと思います。

　それぞれの立場で話し合いをしてほしいので，自分の考えをもって自由に立ち歩いて構いません。なるべくなら違う立場の人，普段関わりが少ない人を見つけて話し合いましょう。

　それで，目標は相手の意見を聞き，自分の意見を伝え，「説得」するということです。それは，「人の心を動かす」第一歩です。

　人の考えが変わる時，「納得したから変わる」という場合と「説得に応じて変わる」という場合があります。

　納得というのは，「なるほど」「確かに」と思って，自分の答えの間違いに気づいたり，新しい答えを発見したりした場合に納得していきます。

　説得されるというのは，自分の考えや意見よりも，「もしかしたら○○さんの言う通りなのかもしれない」とか「○○さんが言うなら信じてみようかな」と思って気持ちが変わることです。

　「人の心を動かす」には，納得と，説得の両方が必要になります。

　納得だけで動く人は，「なるほど」と思えないと「意見を変えない人」になってしまいます。また，説得だけで動く人は，自分の考えをもたずに，「人に流される」だけの人になります。

　だから，「上手な説明」とか「確かにと思えるうまい話」という，納得させようと思う話し合いだけではなくて，「何とか伝わってほしい」「どうにかしてわかってもらいたい」という，説得する気持ちも大切にしてほしいです。

　みんなだから，こうやって友達の心を動かし合うような話し合いができると思っています。5分3セットあるので，少しずつ心を動かしていきましょう。では，1セット目を始めましょう。はい，どうぞ。

逃げない

 自分の弱い心に打ち勝ってほしい

　指名した直後，「考え中です」と言ってすぐ座る子がいます。「わかりません」と言って座る子もいます。話し合いをしていても，すぐにムッとして感情的になる子もいます。記述式のテストでは，空白のまま平気で提出する子もいます。

　どれも，「逃げている」と感じることがあります。どちらかと言えば「考えていない」という状況のようにも見えます。

　一度立ち止まって，わからない自分に向き合って，それでも考えてみるような粘り強い心構えが必要だと考えています。

　同時に，**教師の「逃さない」「向き合わせる」という心構えも必要**だと考えています。

 トークポイント

　子どもたちの「できなさ」や「未熟さ」などを責めるようなことがあってはなりません。

　「できないからやり過ごしたい」「未熟だから見逃してほしい」という逃げの姿勢に対して，「そんな自分でよいか」を子どもたちに判断させるようにします。

　不格好だとしても，向き合っている姿そのものを評価するようにします。

　それでは，この列の人は立ちましょう。考えを教えてください（順に聞いていく）。次はこの列です。どうぞ。

　はい，ありがとうございました。ええと，今みんなの発表を聞いていて，感じたことがあります。それは，「逃げる人」が多いということです。

　色々な人がいました。しっかりと自分の考えがあって，ちゃんと伝えてくれた人。考えはあるし，書いているのに，ぼそぼそと言ってしまう人。そもそも考えがなくて，「わかりません」「考え中です」と言う人。とりあえず「Aさんと同じです」と言って座る人。

　それで，こんな人もいました。全然考えがまとまっていないけれど，何か自分の中で整理しながら頑張って伝えようとしてくれる人です。

　自分はどの人に当てはまるでしょうか。少し考えてみてください。

　先生はね，最後に紹介した人がとってもいいと思ったんですよね。こう，向き合ってくれているというか，一生懸命に答えようとしてくれたところがうれしかったんですね。

　1年間授業をしていって，一度も間違いが起こらないということはありませんよね。正解ばかりじゃないんです。だから，間違いや不正解が恥ずかしいからと言って逃げてばかりはいられないと思うんですね。たとえ間違っていても，不正解でも，堂々と言っていくべきだと思うんです。

　それに，わからないからと言って座るのではなく，それでも考えてしゃべっていく姿勢は必要だと思います。即興力ですよね。

　先生はそんな逃げの姿勢は許しません。でも，何かしゃべってくれるなら全力で応援したいし，みんなの声を聞きたい。そして，何が言いたいのか本気で考えて受け取りますから，絶対に「逃げない」でほしいんです。そんな自分とは「お別れ」しましょう。

　次の列からまた聞いていきます。はい，どうぞ。

徹頭徹尾

 決めたことに対して最後まで責任をもたせたい

　教室を見て回ると，「4月の目標」とか「1学期の目標」などが掲示されている学級に出会います。「学習目標」「生活目標」「その他」などに分けられ，それぞれに対して3～4行で目標を書かせているものです。

　さて，どのくらいの先生が，その目標を真剣に捉え，日々実行させ，フィードバックを行い，子どもたちの内省に結びつけているでしょうか。

　これは，決して「ちゃんとやりましょうよ」と，揚げ足を取りたいわけではありません。子どもたちに書かせたら，最後まできちんと取り組ませてみませんか？という提言です。

　きっと，**子どもたちにとっても自分を振り返るよい成長の機会になる**と考えています。

 トークポイント

　最初から最後までちゃんとやろうよ！というメッセージは，子どもたちにとってはあまりにも正義すぎて反論の余地がありません。それゆえ，それに絶対従わなければならないという受動的な態度を生んでしまいます。

　しかし，ここで言いたいのは，**決めたことを最後までやり通すと，自分の成長につながることを実感させたい**ということです。

　正論を突きつけるのではなく，成長の期待を共有するように話しましょう。

今日は，係活動についてお話をしたいと思います。係が決まって2週間が経過しました。みなさんは，どれだけお仕事をしていますか？　してきましたか？

ちなみに，みんなが思う「この係頑張っているなあ」と思う係はどこ？（数人の子とやりとりをする）

なるほど。先生もそう思います。毎日頑張っていますよね。最初に書いた係カードの通り，有言実行していますね。偉い。

でも，もっと偉いなと思うことがあります。何でしょう。それは，続けていることです。こういう四字熟語があります。知っていますか？

徹頭徹尾（てっとうてつび）と読みますね。隣の人に，漢字を見て意味がわかるか？と聞いてみましょう。どうぞ。

はい，ありがとうございます。そうですね。徹底的の「徹」ですね。「頭と尾」は何を示しているでしょうか。そうですね。最初から最後までということですね。

つまり，頭から，最初から，尾，尻尾，最後まで，徹底的にやり続けようってことですね。

毎日頑張っているというのもすごいこと。素晴らしいことです。でも，毎日何を頑張っているのかと言えば，自分たちで決めたことを頑張っているんですよね。活動を頑張っているのと同時に，決めたことを貫いているんですよね。それが偉いなって思うんです。

他の係はどうですか？　決めたことを貫いていますか？　どうですか？

これはね，続けていないからダメだと言いたいわけじゃないんです。続けていったら，絶対に成長するってことが言いたいんです。

みんなが書いた係カード。とってもいいことが書いてありました。だから，やるなら徹底的にやってみましょうよ。期待しています。

ほころびに負けない

 崩れそうになる気持ちを自分でコントロールさせたい

　学級経営は1年間。1年間の授業時数は1000時間を超えます。

　ですから，どれだけ一生懸命に取り組んでいても必ずほころびが生まれるものです。これは，仕方がないことです。

　そして，どれだけ頑張っていても，1つのミスや失敗で落ち込んでしまうのが子どもです。

　担任としては過程を重視し，結果がどうであれ左右されない心を育てたいと思います。

　そのために，**自分自身の弱い気持ちもコントロールできるようにさせたい**と考えています。

 トークポイント

　まず，どんな人にも必ず停滞期やスランプのようなものがあることを伝えておきましょう。そして，人は「飽きやすい」ということも前提条件として確認しておきます。誰もが「あきらめたい」「もうやめたい」「続かない」という気持ちになることを共通理解するのです。

　そして，その上でどう持続させていったらよいか，どうやったらその負けそうな心に立ち向かえるかを考えるようにします。

　最終的には，**子どもたちのことを信じてエールを送る**ようにしましょう。

みなさんは，家庭学習が続けられないと思ったことがありますか？　いわゆる三日坊主のようなことがありますか？　初日はやる気マックス。次の日も何となくできる。けれど，その後に続かなくなっていく感覚，わかりますか？　もちろんありますよね。先生もあります。でも，多くの先生や大人は「何事も続けることが大事」と言います。頭では，わかっています。でも，それを達成できる人はごくわずかです。

では，どうやったら続けられるのでしょうか。それは，「続けること」を頑張るのではなく，「負けないこと」に力を注ぐようにするのです。

続けようと思うと，続けることが目的になってしまいます。でも，「続けること」は結果です。やめなかった，負けなかった…という結果が「継続」なのです。

だから，みんながもし何かを続けようと思うなら，続けることではなく，どうしたら負けそうな自分に勝てるかを考えるとよいでしょう。

ちなみに，急に負けることやいきなり終わりが来ることはありません。必ずどこか小さなほころびが生まれます。服から出ていた1本の糸を引っ張ったら，どんどんほどけていって大きな穴になってしまうような感じです。

「昨日よりちょっと少ないけど，まあいっか」とか「1つ間違ったままだけど大丈夫でしょ」など，小さなミスや失敗を何回も積み重ねてしまったり放っておいたりするから，それがいずれ「続かない理由」となってしまうのです。

つまり，弱さに負けてしまう多くの理由が，小さなほころびに負け続けることなのです。逆を言えば，その小さなほころびに負けなければ，きっとみんなは継続して成長し続けられるはずです。

生活していれば，身の回りにはほころびがたくさん出てきます。そんな時，きちんとその場で正しておく。それが，結果的に負けない自分をつくります。

負荷をかける

 ## 自分で自分のことを鼓舞させたい

　子どもたちの成長には強度の高い時間が必要になります。例えば時間制限のある中でのテスト。運動であれば持久走などのトレーニング効果は負荷によって変わってくるでしょう。

　しかし，その負荷の多くは，「教師から子どもへ」という流れになっているように感じます。教師が与え，子どもが受け取ってしまうのです。

　子どもたち一人一人の育ちや成長スピードは違います。個々に合わせてその負荷が決まればよいと考えていますが，教師1人で30人に30通りの負荷をかけることは困難を極めるでしょう。

　だからこそ，**子どもたちが自分自身に対して負荷をかけられるようになれば，それぞれに合わせた成長が望めるのではないか**と考えています。

 ## トークポイント

　負荷をかけるということは，大変さや困難さが伴います。子どもたちはそう捉えてしまうはずです。しかし，成長には負荷が必要です。この共通了解を得られなければ，負荷はただ辛いものになってしまいます。

　つまり，**負荷による新しい自分の発見，負荷による成長の実感が大切**になってきます。宿題，発言，作文，漢字練習や音楽・体育においても，この「負荷をかける」という話を何度もすると効果的です。

　今から10分間，一言もしゃべりません。聞こえるのは鉛筆の音だけです。すべきは漢字スキルの１番です。10分間，このページに全力集中で取り組みます。はみ出しません。強く書きます。濃く書きます。美文字を目指しましょう。もう一度言います。息が詰まるほど集中力を高めなさい。はじめ。

　（10分後）

　お疲れ様でした。疲れた人？　進んだ人？　丁寧にできた人？　はい，ありがとうございます。

　疲れるよね。でも思ったよりも進まないよね。でも，丁寧に書けたでしょ？　なんでだと思いますか？

　これはね，自分に向き合って「負荷をかけた」からです。負荷ってわかりますか？　厳しい条件，今だったら「10分間」とか「しゃべりません」とか「はみ出しません」などが条件になります。

　これを守ろうと，自分の中で「よし，やるぞ」って向き合ったはずです。

　だから疲れるし，でも成果は出ますよね。「意外にうまく書けたぞ」とか「俺ってこんな文字書けたんだ」って思いませんか？　隣同士で見せ合ってみましょう。どうぞ。

　はい，ありがとうございます。

　こうやってね，みんなが成長していくためには，ある程度「負荷」が必要なんです。言い方を変えれば，負荷のない練習は成長が遅くなります。

　負荷には色々あります。音読で声を出してみる。家庭学習のページ数を増やしてみる。時間を決めてやりきってみる。反復練習の数を増やす。人前で歌ってみたり，体育で技を披露したりするのも，よい負荷で，成長の場になります。成長はうれしいことですよね。

　今，みんなは負荷に耐えて成長しました。これからも，負荷を楽しんで，みんなで成長のスピードを高めていきましょう！

青い根と赤い花

 自分の心と行動のあり方を見つめ直してほしい

　心の教育が大切だと言われます。なぜなら，心のあり方によって，その子の行動が変わってくるからです。

　しかし，子どもたちは心と行動がどのようにして関わっているかをよく理解していなかったり，感情と理性を切り離して考えられなかったりします。

　また，「先生に叱られるから」「親に怒られるから」など，外圧がかかってしまうと，心と行動がチグハグになってしまうこともあります。

　心と行動のあり方や，その関係性に敏感になり，自分の行動を自分で制御できるようになっていくといいなと考えています。

 トークポイント

　この話は，私が初任者の時に指導してくださった先生のお話をアレンジしているものです。

　「あなたの行動がダメなんだよ」という頭ごなしの指導ではなく，「あなたはどんな気持ちなの？」「それで，何をしたの？」「それはどっちの色なの？」など，子どもたちの言葉を引き出しながらご指導されていた様子を今でも覚えています。

　「青い根」「赤い花」というキーワードで，子どもたちが自分の行動を見つめ直すきっかけになるように話すとよいでしょう。

　（黒板に絵を描く①赤い根・赤い花　②青い根・赤い花　③赤い根・青い花　④青い根・青い花）

　この絵が何を表しているかわかりますか？　まだわかりませんよね。ここに線が入ります（根と茎を分けるように，地面の線を引く）。

　この線は地面です。上は地上ですから，茎や花は目に見えます。逆に地中にある根は，目には見えません。

　目に見えることを可視，目に見えないことを不可視と言いますね。

　この花や根を人にたとえてみましょう。人にも，見えている部分と見えていない部分がありますね。見えている部分が「行動」です。そして，見えていない部分が「心」になります。何となくわかってきましたか？

　では次に，なぜ青色と赤色で分けたのでしょう。考えてみてください。

　青い色は何を示しているかと言うと，マイナス，良くない心や行動です。逆に赤い色は，プラス，良い心や行動です。すると，この花の色の意味がわかってきますよね。

　そうですね。赤い根に赤い花。これは，良い心には良い行動が咲くという意味ですし，青い根に青い花の場合は，悪い心には悪い行動が咲くという意味です。ある意味，素直ですよね。

　チグハグな花はどうでしょう。表面上良い行動をしているつもりでも，実は「面倒くさいな」と思っていたり，心のこもっていない行動をしていたりします。それが，青い根に赤い花ですね。

　また，本当は頑張り屋さんなのに人前に出てこない，目立ちたくないと思って行動に移さない人もいますね。赤い根に青い花ですね。

　あなたの心と行動は何色ですか？　オレンジの温かい根にはオレンジの花が咲くでしょう。自分の心の色にまっすぐな色の花が咲かせられたらいいですね。

根幹の反省

 行動の反省だけではなく，心も省みてほしい

　教室で子どもたちを叱る時，「廊下は走りません」「宿題は出します」「黙って食べます」と「行動」について注意することがあります。

　その瞬間は行動を改めたとしても，その効果は短期的です。即効性はあっても持続性に欠けています。

　それは，行動という「枝葉」の部分にばかりフォーカスしているからです。**「根幹」となる心や考え方を育てていけたら，きっと，自ずと行動が改善されていくはずです。**

 トークポイント

　ここでは，子どもたちの心構えを一度崩す必要があると考えています。多くの子どもたちは，「走るな」と言われたら「歩けばいい」と思っています。宿題も「出せばいい」と思っています。「うるさい」と言われたら「黙ればいい」と思っているはずです。

　しかし，**アプローチしたいのは行動ではなく，心や考え方**です。行動だけを改善して終わりと思っている状態では，望ましい指導につなげることが難しくなります。

　この子どもたちの心構えを崩すことで，自分の行動をどうすべきか，なぜそうすべきかと考えを再構築することができるようになるでしょう。

　さっき，理科室から戻ってくる様子を見ていました。声が聞こえ，バタバタと慌ただしい感じがしたので，先生は教室から廊下に出て，みんなのことを見ていたのです。

　すると，その中の1人が「すみません！　歩きます！」と言って，先生の横を早歩きで通り過ぎました。その人の名前を呼ぶと，「え？　やり直しですか？」と聞いてくるので，先生は「そう思うならやり直してきたら？」と言いました。その人は，「はあ〜」とため息をついてやり直しに行きました。

　みんなは，この話を聞いてどう思いますか？（数人の子とやりとりをする）

　先生も，そう思いました。本当に反省しているのかな，と。そして，本当に反省してほしいところはそこではないと思いました。

　では，何を反省すべきだったのかということです。それは「根幹」です。分けて読むと何と何になりますか？　そうですね。根と幹です。根，幹ときたら？　そうですね。枝があって葉や花がありますね。

　この図で言う（黒板に描く），根とは何でしょうか？　はい，心ですね。では幹は？　はい，考え方や思考ですね。では枝や葉は？　これが行動や言葉になりますね。

　みんなはよく注意されると，この枝や葉の部分を直そうとします。「走らない」とか「しゃべらない」とか「提出する」とか，目に見える部分です。でも，それを直そうとする心，つまり根の部分をもっと考えてほしいんです。

　なぜ走ってはいけないのか，なぜ黙って食べるのか，なぜ宿題を出すのか。そうやって考えて幹を太くするんです。幹が太くなると，根も強く張ります。どっしりとした幹には，太い枝や，たくさんの葉がつきます。

　ため息をついてやり直しをする。これは，本当の反省でしょうか。違いますね。行動だけを改善しようとしても，心や考え方は変わっていない印象を受けます。でもきっと，今は根っこの部分で考えていますね。どうですか？

裏の自分をつくらない

 場所や人の変化で，不安定な行動をさせたくない

よく聞く話として，専科の先生の授業だと子どもたちが荒れるとか，教室以外の掃除場所だとふざけるという事実があります。

私も，これまで担任してきた教室で思い当たる節があり，確かに子どもたちが場所や人を見て行動を変える事実に出会ってきたことを思い出しました。

しかし，場所や人が変わることでその子の行動が変わってしまうのは残念であり，もったいないことです。

いついかなる時でも，自立した行動ができる人に育てていきたいものです。

 トークポイント

ここでも，表が良くて裏が悪いという対立構造ではないことを確認しておきます。

表があれば裏があり，光があれば影があるのは当たり前のことです。その両者を含めた「自分」を知っていくことを重視して話すようにします。

裏の自分を見つめながら，「自分がどんな人か」ということを認識し，自分の行動を変えていける人になってほしいという願いを伝えます。

すると，**自分の行動を通して自己理解が進み，結果的に自立した人へ成長**していくでしょう。

　今日の掃除の時間の話です。体育館掃除の担当の先生から話を聞きました。自分に心当たりがあるという人はいますか？（その班の子らがざわつく）

　そうですね。その班のメンバーのことでした。その話を聞いて考えたことがあったので，お話をさせてもらいたいと思います。

　人は「裏表がある」と言われることがあります。聞いたことはありますか？　みんなに見られていたり，先生がいたりするとしっかりと学習に取り組んだり，掃除をしたりする。でも，家に帰って１人になると宿題をしなかったり，先生がいない自習ではふざけたり，教室以外の場所になると掃除をサボったりします。

　何となく，表と裏があることはわかりましたか？

　でも，先生が言いたいのは「表が良くて」「裏が悪い」ということではありません。人は必ず裏表があるものです。先生にだってあります。大事なのは，今の自分が表なのか裏なのか，自分で見つめ直すことができる心をもつことです。

　例えば，今日名前が挙がったＡさんは，体育館掃除でフラフラしていたそうです。でも，廊下掃除の時は熱心に雑巾がけをしていました。奥の奥，端の端まで掃除をしていました。Ａさんにも，掃除の表と裏があったということです。

　みんなは，どっちのＡさんがいいなと思いますか？　そうですね。先生も，廊下の雑巾がけをしているＡさんが好きです。こうやってできる人なのに，体育館ではそれができない。つまり，裏の自分が勝ってしまったのでしょう。

　もう一度言います。人には裏表があります。あって当然です。でも，いざ何かをする時，自分で「どっちの自分を選ぶか」ということが問われます。

　Ａさん，明日の掃除は，どっちの自分でやりますか？　みなさんはどうですか？

分岐点

 適切な行動選択をできるようにさせたい

　教室では，多くが先生の指示で動き，子どもたちはその指示に従ったり，周りの友達の動きを見ながら行動したりします。そこに，どのくらい主体性が発揮されているのかはわかりません。

　しかし，**自分で決めたり，自分で選んだりすることは大切**です。自己決定が自分の心を強くしていくからです。

　そのため，教師の役割は導いたり促したりする他に，選択肢を与えて選ばせることがあると考えます。子どもたちにどうするか考えさせるのです。

　その中で，自分の心に従って行動選択ができるよう，サポートしていけたらいいなと考えています。

 トークポイント

　どちらかが正解で，どちらかが不正解のような選択肢にしてはなりません。どちらを選んでも，その子がどう考えたか，どう心と向き合ったかという事実を大切にしなければなりません。

　または，どちらか一方を選ばせたい場合も，なぜ選んだのかという理由が明確になるようにしていきます。

　分岐点をつくり，どちらを選んだとしても，教師はその意味をつくって子どもたちの選択に寄り添うようにしていきます。

　今もそうだけど，みんなには毎日，それぞれの時間に「分岐点」があります。わかりやすい言い方をすれば，分かれ道のようなものです。そこまで行くと，右か左かを選ばなくてはなりません。目指すところは，自分の変容だったり，学級の成長だったりします。

　この分岐点，どちらを選んだとしてもきっと正解です。それは，みんなが一生懸命考えて出した選択だからです。どちらが良くて，どちらが悪いかといったことはほとんどないと思います。

　でも，きっと「こっちを選んだ方がいいんだろうな」という迷いはあるはずです。それは，少しだけハードルが高かったり，壁が厚かったりする選択肢だと思います。

　もちろん，困難な道を選ばなくても大丈夫です。「今はやめておこう」「今回は違う道を選ぼう」でよいのです。

　でも，ここで大切なのは，自分の心がなぜその選択をしたのかという理由に注目しておくことです。そして，次に同じような選択を迫られたらどうするかを考えておくことです。

　分岐点を進んでいくのは，自分がよりよく変容していくためです。また，学級の成長にとって必要だからです。

　その成長があまり期待できない道は，できるなら避けたいですね。みんなはどう思いますか？（数人の子とやりとりをする）

　さて，今日は「分岐点」「分かれ道」についてお話をしてきましたが，もうすでにみんなには分岐点が訪れています。それは，「今よりも成長する道」と「とりあえずみんなの様子を見る道」という2つの道です。

　この話を聞いて，まず自分が思いきりよく行動してみようと思えたら素敵ですね。そして，その人を先頭にみんなで変わっていけたらいいですね。

心の超回復

 失敗を失敗で終わらせたくない

　子どもたちは，もともとチャレンジングな精神で学校に来ています。勢いよく発言することもあれば，前日とは違った集中力を見せてくれる子もいます。

　そして，その精神や集中力が，何倍もの成長を促してくれることも，我々は知っているはずです。

　しかし，正解を求めたり失敗を恐れたりするあまり，子どもたちは少しずつ慎重になり，臆病になっていきます。自ずと，成長スピードも遅くなっていきます。

　子どもたちを成長に導きたいと思うからこそ，失敗を乗り越えさせたいと思います。

 トークポイント

　ここでは，「失敗してもいいじゃん」ということではなく，真剣に考えた失敗は，何にも変えられない貴重な体験として自分の力に変えられるということを伝えます。

　また，身体的なトレーニングの用語をメタファーとして用い，「心」という見えないものの成長をイメージさせるようにします。

　そして，**物事は見方次第でどうにでも捉えられる**ことを共通理解させます。

　みんなは成長したいと思っていますか？　思っていますよね。先生もそう願っているし，毎日その瞬間を見届けたいと思っています。

　そのために必要なことは何だと思いますか？　そうですね。チャレンジ精神ですね。何事もまずやってみるということが大切です。

　でも，頭ではわかっていてもできないことの方が多いです。そうです。怖いからです。失敗することや，間違ってしまうことの怖さがあるからです。

　みなさんは，そういう弱い心が自分の中にありますか？　そんな自分がいることを知っていますか？

　じゃあどうしますか？　成長はしたいけれど，チャレンジは怖い。チャレンジせずに成長すればよいという話になるでしょうか。違いますよね。

　実は，トレーニングの世界では，「超回復」という言葉があります。言葉の通り，「超，回復する」という意味です。どういう意味でしょうか。

　例えば，腕立て伏せで腕を鍛えたとします。できない回数にチャレンジして，何度もやってみます。限界に挑みます。すると，どうなるでしょう。そうですね。筋肉痛になります。

　では，トレーニングでチャレンジと筋肉痛を繰り返すとどうなるでしょう。その通り，マッチョになります。筋肉が大きくなるのです。これが，超回復です。チャレンジすると，以前の自分よりも少しだけ強くなれるのです。図で表すとこのような感じになります（黒板に描く）。

　例えば，手を挙げてみる・発表してみる・試してみる，とチャレンジをします。すると，正解するかもしれないし，間違えるかもしれません。間違えたり失敗したりすると心が痛みます。「心の筋肉痛」です。

　でもその分，心が超回復します。心が少しずつ強くなっていくのですね。

　さあ，今日も1日，心のマッチョ目指してチャレンジしましょう。「心の超回復」が待っていますよ。

感情で動くな，理性で動け

 目的意識をもった行動を取ってほしい

校外学習や修学旅行，運動会に学習発表会など，非日常の活動において子どもたちの感情が昂ることがあります。

それ自体は自然なことで，むしろ感情表現が豊かであることは喜ばしいことです。

しかし，それが社会性に欠ける行為であったり，品のない行動につながったりすることは避けたいと考えています。

家ではなく学校であること，周りの人のことを考えた行動とは何か，を考えて動けるようにしていきたいと思います。

 トークポイント

感情を押し殺さなければならないというわけではありません。どう振る舞うことが理性的であるかを考えなければならないのです。

今，この場において，どこまでが品性のある感情表現で，どこから理性を働かせなければならないのか，その境界線を子どもたちと探っていきます。

そこで初めて，子どもたちが「越えてしまっていたな」と実感できるように話していくことが大切だと感じます。

また，時に教師が押しきる必要があるでしょう。**「ならぬものはならぬ」と伝えなければならない場合がある**ということも考えておきます。

　（ある年の修学旅行のことでした。お土産コーナーで目に余るお金の使い方をしている子がいました。その輪は大きく広がりましたが，お店の方も絡んでおり，その場で止めることができませんでした。私は学年の先生方に相談し，駐車場で学年全体に話をすることにしました）

　今からお話をします。あまりいい話ではありません。心当たりがありますか？

　そうです。買い物の話です。みんなが今，手に持っているそれのことです。

　それは，もともと買おうと思って計画に入れていたものですか？　それとも，この場で思わずお金を払ったものですか？　どちらですか？（数人の子とやりとりをする）

　そうですか。ありがとうございます。では，計画的ではなかったということですね。「つい」ということですね。気持ちはわかります。欲しくなりますよね。みんなが買っているから。払っちゃいますよね。いつもよりお金があるから。

　でも，どうなんでしょうか。ちょっと感情任せになりすぎていませんか？そもそも修学旅行は，何の時間なのでしょうか。その目的を見失ってはいないでしょうか。どうですか？（数人の子とやりとりをする）

　こういった非日常の生活では，どうしても感情が昂ってしまいます。それ自体はよいことです。楽しみにしてきたし，実際楽しいし。でも，だからと言って何でもありではありません。学習しに来ているのだ。これまで時間をかけて計画を立てているのだ。そして何より，家族旅行とは違うのだということです。

　そう考えると，自分の行動を制限したり，周りのことを考えて振る舞ったりできますよね。それが「理性を働かせる」ということです。自制心をもつということでもあります。

　まだ修学旅行は続きますから，これからは「理性」も働かせてくださいね。

アンインストール

 過去のよくない自分を引きずらないでほしい

　子どもたちが「黒歴史」という言葉を使う場面に出会うようになりました。子どもたちが，自分のよくなかった過去を引きずっているということだと受け取っています。

　引きずっているというよりは，むしろ「黒歴史」という言葉を使うことで笑いのネタにしているようにも感じます。そうやって笑い飛ばせる過去ならよいのですが，多くの子はそうすることもできずに，自分のことを過小評価している現実があるのではないかとも感じています。

　いい意味でリセットして，未来志向で成長できたらいいなと考えています。

 トークポイント

　子どもたちは，なかなか過去の自分を切り離すことができません。本来の意味で言えば，そういった過去も認めながら今を突き進むことが望ましいのですが，過去と現在と未来をつないで成長を語っていくためには，まず一歩踏み出した「今」の事実を生み出す必要があります。

　そのために，**一度，過去を捨てるという意味で「アンインストール」という言葉を教えます**。ある種，暗示をかけながら強制的に過去の「よくない自分」と切り離してあげるのです。その中で，安心して次のステップに進めるような環境をつくってあげるようにします。

　今日のAさんの頑張りを見ていると，何だかまるで別人のような頑張りだったと思うんですね。みなさんどう思いましたか？（数人の子とやりとりをする）

　そうですよね。すごい集中力だったなと思うんです。

　それで，どうなんですか？　Aさんは，こう，前からこんなに頑張り屋さんだったんですか？

　なるほど。結構やんちゃしていたんですね。あまりよくなかったという感じでしょうか。

　でも，どうですか？　今日の自分を見て，昔の感じとは明らかに違うんですよね。どっちの自分の方がいいですか？　どっちの自分が本物ですか？

　これはね，どっちもAさんなんですよ。良くも悪くもAさんに変わりはないんです。だから，これからもよくないAさんが出てくる可能性があるということです。困りましたね。どうしたらいいでしょうか。

　これはね，もう「アンインストール」すべきだと思うんです。「よくないAさん」を，Aさんの中から消してしまうんです。「インストール」は聞いたことがあるでしょう？　スマートフォンのアプリとかを入れることですよね。その逆です。

　どう見たって，今日のAさんを続けていく方が，絶対にAさんは成長しますよね。でも，時々出てくる過去のAさんが，成長を阻むかもしれません。

　まずはAさんが自らアンインストールすること。そして，周りのみんなは，そんなAさんを応援すること。みんなが，みんなのよくない部分をアンインストールしながら，それをみんなで応援し合う。そうすれば，また次のレベルにみんなで到達できるはずです。

　いつか，過去の自分を見つめられるようになったら，その時はまたインストールし直してあげましょう。

「無言」実行

 その場その場で即興的に動ける人になってほしい

　目標に書いたことや，自分で立てためあてに対しては，積極的に行動しようと思うものです。

　しかし，言っていないことや決まっていないことに関しては，自分事として捉えない限り行動に移すことは難しいかもしれません。むしろ，教室という空間において，その全てを全員が自分事として捉えること自体不自然かもしれません。

　だからと言って，全ての活動や行動に対して目標をもったり，それを30人で一気に取り組んだりすることは非効率的で持続可能ではありません。

　目標をもつこととは別に，自分が教室でどう即興的に立ち振る舞うか考えさせたいと思います。

 トークポイント

　1日中教室で過ごす中で，イレギュラーなことが起こるのは当然です。つまり，予定調和的な準備には限界があるということです。

　そして，それ自体は本来楽しいことだとも伝えます。さらに，**「その場で判断して行動する力」**の重要性や価値にも気づかせます。

　最後に，急にはできるようにならなくても応援し続けることを伝えます。

　子どもたちが願う，なりたい姿に寄り添ってあげるようにしましょう。

みんな、この四字熟語、知っていますか？ 「有言実行」です。

どんな意味かは、わかっていますか？（数人の子とやりとりをする）

すごいな。賢いねえ。じゃあ、これはどうですか？ 「『無言』実行」。

「有言実行」は、簡単に言えば、「言ったことをやる」ということですよね。例えば、「宿題を家でやってきます」と言って、翌日「やってきました」と提出する。これは、有言実行ですよね。

でも、「『無言』実行」には「言っていないこともやる」という意味を込めています。家庭学習は最低2ページでいいけれど、楽しくて4ページやってしまったということは、特に「2倍やります」とは宣言していないけれどやってきたということですよね。

それに、今「この四字熟語、知っていますか？」と先生が聞いた時も、「今日は先生に聞かれたら答えるぞ」とは宣言していなくても自然に発言を実行してくれましたよね。これもまた、「『無言』実行」なのかもしれませんね。

そう考えると、生活の全てに対して「こうするぞ」と宣言したり意気込んだりすることは難しいですよね。その場その場で考えて実行しなければならないことがたくさんあるはずです。常に「有言」していくのは難しいのです。

でも、人は、決めていないことや急なことに出会うと、動けなくなってしまいます。なぜなら、教室にはたくさんの人がいるからです。人任せにしてしまう自分が出てくるからです。

先生は、そんな時にこそ動ける人になってほしいと思っています。みんなのことを考えて動ける人になってほしいと思っています。ごみを拾う、机を揃える、隅々まで雑巾がけをする。それも「無言」実行です。

また、「言いたいな」と思わず手が挙がる。「困っているな」と思って声をかける。これも、思いやりのある「無言」実行です。こういう人が増えたら、教室全体が優しくなっていきますよね。

根を張れ

 教室以外でも自分の力を発揮できる人になってほしい

学校生活の多くは，所属する学級でほとんどの時間を過ごします。30人いれば30人での共同生活になるわけです。

その中には，必ず人間関係が存在し，コミュニケーションが生まれます。

しかし，良くも悪くも影響し合うのが子どもたちですから，よくない方向に流されたりすることもあれば，ちゃんと空気を読んで動いたりすることもあるのが当然です。

子どもたちには，教室の流れや空気に惑わされず，自分の心の芯を確かにもって成長してほしいと考えています。

 トークポイント

友達に流されて動くような子どもたちは，「自分が流されている」という感覚がありません。「腰を据える」とか「覚悟を決める」という判断もできないかもしれません。

ですから，まず**「あなたがあなたらしくあるか」と問うことで，自分の気持ちや考えに目を向けさせる**ようにします。

その上で，教室で過ごす中で大切なことは何かに気づかせるようにしていきます。

　なぜ，いつも教え合いの時間になるとＡさんのところに人が集まるのでしょうか。決して遊んでいるわけではありませんよね？

　そして，問題が解けると同時に人が入れ替わって，数分ごとにメンバーが変わっているのです。

　先生は，きっとＡさんは根を張っているのだと思っています。どっしりと構えているように見えます。先生も，きっとＡさんと一緒なら何だかできるようになる気がすると思えます。みんなも，Ａさんとなら真剣にできそうだと思っているのではないですか？

　逆を言うと，教え合いの時にどこへ行くでもなくフラフラと歩いている人もいます。時間を潰せそうな楽な場所を探しているようにも見えます。残念ながら，これでは根を張ることはできません。水槽に浮かんでいる水草のように，流されてばかりです。

　また，根を張ることのできない植物は枯れていきます。水を吸うことができないからです。「自分はこれを頑張るんだ」「自分と向き合ってやるんだ」「この教室にふさわしい勉強をするんだ」と思わないと，いつまでも根付くことなく，枯れていくばかりです。

　Ａさんはどうでしょうか。自分の椅子にくっついているように座っていますね。問題とも，自分とも，みんなとも向き合っていますね。じわじわと根を伸ばしています。だから，背筋がちゃんとしている。それは，太い茎です。すると，いい花が咲く（トーク39にあるように赤い花ですね）。そういう花には人が集まりますから，今のようになる。

　ちなみに，森の中の木は，近くの根とくっついて共生する場合もあるようです。みんながそれぞれによい根を張り，それが友達とよい意味でくっついていけば，どっしりとした太い根が教室に生まれそうですね。

　さあ，地上の空気に流されない，地中の根を大切に頑張りましょう。

献身的になろう

 自分の力を学級のために発揮できる人になってほしい

いわゆる「気の利いた行動」というのは，子どもたちには教えていかなければならないものだと感じています。なぜなら，学級への所属意識をはじめ，「自分たちの教室」という感覚が希薄になっているからです。

それぞれの家や自分の部屋であれば，ごみ拾いだって整理整頓だってするでしょう。しかし，それが教室となると違います。

もちろん，家のようにやる必要はありませんが，その分献身的な意識が高まらなければ，教室の管理は担任ばかりが行うようになり，持続可能な教室ではなくなるでしょう。

子どもたち一人一人が，**「教室のために何かをする」という意識**を高めたいものです。

 トークポイント

何より，「この教室のために自分の力を使いたい」と思わせなければなりません。そうしなければ，子どもたちに「やらされ感」のような感覚が芽生え，献身的な姿とは真逆の方向に導いてしまいます。

自分「たち」の教室であり，それは家と同じような感覚だと教えていくのです。しかし，家のように過ごすことは難しいこともわかっています。だからこそ，**気を利かせ合っていく必要がある**と伝えていくのです。

　昨日の帰りに話していましたね。はい，「朝，気の利いたことをした人」は手を挙げましょう。…はい，ありがとうございます。ちらほらという感じで，ほとんどの人がやっていませんでしたね。

　ちなみに，今手を挙げた人は，何をしましたか？（数人の子とやりとりをする）なるほど。ごみを拾ったり，宿題のノートを揃えたりしたのですね。ありがとうございます。うれしいですね。

　それで，今伝えたいのは，「やったから良い」「やらないから悪い」ということではありません。気の利いた行動をする人には，どんな心が働いているのかということを学びたいと思うのですね。

　手が挙がらなかった人たち，別に悪くはないと思います。だって，自分が落としたごみじゃないし，ノートが揃っていなくたって何も困りませんからね。それが普通かもしれません。

　でもどうでしょう。自分の家だったらごみは拾いますか？　ノートや本は整えますか？　多分自分からやる人が多いのではないでしょうか。だって，自分の家だから。

　ということは，今手を挙げてくれた人たちは，教室のことを自分の家のことのように考えてくれていたということですよね。教室を家のように大切にしてくれていたということですよね。

　こういう気持ちが見えるから，先生はうれしいんです。だから，「やったかやらなかったか」ではなくて，気持ちがあることがうれしいんですよ。

　こういう気持ちを，「献身的な姿勢」と言うことがあります。教室のために頑張ってくれるということです。家と同じだと言っても，完全に家のように振る舞うことは難しいですよね。だから，「自分がやったわけじゃないけど，教室のことだし」と考えて「よし，やるか」と行動することが大切なんですね。明日の朝も，同じことを聞きますね。献身的にいきましょう。

勝っても負けてもさわやかに

 勝ち負けにかかわらず，どう振る舞うか考えさせたい

　子どもたちの成長において，「勝負事」は必要であると考えています。勝敗をつけることにも，どちらかと言えば賛成の立場です。

　しかし，「勝利至上主義」には反対です。勝ち負けを目的に行っているわけではないからです。

　真剣勝負の先にある感情を味わい，次の一歩をどう踏み出すかにこそ，勝負事の価値があると考えています。

　しかし，子どもたちにとって「勝敗」が目的化することは多々あります。むしろ，何の指導もなしに勝負に踏み込むと，そこばかりを目指すようになってしまいます。

　勝負事を通して「どう成長すべきか」を共有したいと考えています。

 トークポイント

　「相手がいるから勝てる」「相手がいなければ勝ちも負けもない」と子どもたちには伝えています。つまり，**「相手へのリスペクトを欠いてはならない」**ということです。「あなたが競ってくれたおかげで勝てました」と思えば感謝の気持ちが湧き，そういう態度が「よい勝負だったね」という Win-Win の関係を生み出します。そんな心が育っていれば，たとえ負けたとしても，相手への拍手が自然にあふれるようになるでしょう。

今日は，いよいよ運動会の本番ですね。これまでの練習，本当にお疲れ様でした。緊張していますか？　ドキドキしていますか？　その気持ちは，きっと「勝負事」だからですね。

走ってみたら負けるかもしれないし，いつものように勝てるかもしれない。学年競技は，失敗するかもしれないし，いつも以上の力を発揮できるかもしれない。やってみないとわからない世界ですからね。

そんな中で，先生から言っておきたいことはただ1つ，「勝っても負けてもさわやかに」ということです（板書する）。読みましょう。さんはい。

勝ったからと言って自慢する。相手をあおる。けなす。こんなことがあってはなりません。それなら負けた方がいいです。

それに，負けたからと言ってふてくされる。相手を罵る。負け惜しみを言う。そんなこともあってはなりません。それなら勝負しない方がいいです。

相手がいるから勝負になる。相手がいるから勝てるし負ける。相手がいてこそ緊張感のある時間になり，相手がいるからこそ成長できる。それが勝負事だと思います。

本気の勝負事の後，泣く人がいます。勝てたことへのうれし泣き。負けたことへの悔し泣き。どちらも美しい涙です。とてもさわやかに見えます。やりきった爽快感。走りきったり全力を出しきったりした達成感。

そんなさわやかな終わり方ができたらいいなと思います。

そうすれば，勝ったら素直に喜べるし，相手へのリスペクトの気持ちももてます。負けたとしても，相手に拍手が送れるし，笑顔でおめでとうって言ってあげられると思います。

「勝っても負けてもさわやかに」。今日はこの言葉を合言葉にしてやりきって帰っておいで。全力で，楽しんできましょう。

条件つきをやめる

 誰とでも活動できる人になってほしい

　教室に30人いれば，30通りの個性が存在します。これは，どこででも言われていることで，担任としてみれば30通りの接し方や指導技術が必要だということかもしれません。

　しかし，子どもたちから見れば30人と付き合っていくのは容易なことではありません。だからと言って「嫌な人とは距離を取って」と，簡単に言いたくないことも事実です。

　相手と付き合っていく上で，どう自分の心構えをつくっていけばよいか，考えていきたいものです。

 トークポイント

　安易に「誰とでも関わろう」「みんなで活動しよう」とは言いません。子どもたちには子どもたちの中での関係性がありますから，そこに無闇に足を突っ込むようなことはしません。

　ただ，子どもたちがお互いにラベルを貼って人を見てしまうことは避けたいと考えています。「あの人はこういう人」「あの人はこうだから嫌」のように，自分に合うか合わないかで判断することは適切ではないことを伝えていきます。

　そうやって，**時間をかけて人との関わり方について考えさせていきます。**

　みんなは，ペアをつくったりグループになったりする時，どんな人と関わりたいと思っていますか？（数人の子とやりとりをする）

　はい，ありがとうございました。色々と聞かせてもらって助かりました。みんなはそう考えているんですね。

　今，「話が脱線しない人」とか「真面目にやってくれる人」と言ってくれた人がいました。また，「一緒に考えてくれる人」「優しく教えてくれる人」と言ってくれた人もいました。

　先生も，自分が小学生だったらそういう人がいいなと思ってしまうと思います。それと同時に，「自分はふざけてしまわないだろうか」とか「きっとみんなはペアやグループになってくれないだろう…」と不安になってしまいました。みんなはどうですか？

　つまり，人は人を選ぶ時に，どうしても条件をつけてしまう癖があるということです。どうすれば自分が安心して過ごせるかを考えてしまうということです。それ自体は，あなた方の真面目さや真剣さが生み出している心なので，何も悪いことはありません。

　ただ，30人で生活していて6班つくろうと思うと，全員の希望通りにならないことはわかりますね？　理想通りのメンバーが揃うことは難しいこともわかりますね。条件通りになるって，稀なのです。

　では，どうしたらよいのでしょうか。それは，「条件つきをやめる」ということです。「あの子はこうだけど，でも一緒に頑張ろう」「脱線しそうになったら，こうやって話してみよう」と，不満そうにやるわけでもなく，嫌な顔をするわけでもなく，そのメンバーでできることを考えていくのです。

　そうやって「条件つき」をやめてみると，誰とでも関われるようになってきます。すると，教室の全員と関われるようになりますから，居心地もよくなっていきます。そうやって，みんなでよい教室をつくっていきましょうね。

伝え方と伝わり方

 相手のことを考えた言動ができるようにしたい

　教室では，人と関わることが大切だと伝えます。「声をかけ合うこと」「仲良く遊ぶこと」「トラブル後の振る舞い方」など，人との関わりを抜きにして教師は語れないからです。

　しかし，その多くが「どう伝えるか」「何と言えばよいか」という指導法に終始しているように感じます。「ごめんね」「いいよ」がうまく伝わらずに尾を引いてしまうケースがその例です。

　子どもたちには，「どう伝えるか」と同時に「どう伝わるか」に気づかせたいと考えています。

 トークポイント

　関わり合うという行為には，心が内在している必要があるということを強く押し出していきます。きっと子どもたちは，「ごめんね」が全く伝わらなかった経験があるでしょうし，「いいよ」が不自然に感じられた経験もあると思います。

　また，「静かにして！」が逆効果を生んだ経験や，「ねえ」だけで全てを察した経験もあると思います。

　伝え方によって受け取り方が変わってくるということから，**相手の受け取り方まで考えなければならない**ということに目が向くとよいでしょう。

　先生はよく，隣の人と対話をさせます。人と関わることが大切だと思っているし，授業中は，対話の中で学びを深めていってほしいからです。

　そして，先生は「隣の人に〜と言って聞いてみましょう」と言います。すると，大変話し合いが盛り上がるペアと，すぐに終わってしまうペアがあります。同じ言葉で話しかけているのに，どうしてこの違いが生まれるのでしょうか。（数人の子とやりとりをする）

　そうですね。まず体を向けているか，その人に近づいているかどうかは大切ですね。そして目を見ること。ニコッと笑うこと。笑わなくてもよいけれど，睨んだり嫌々やっている感じだったりすると話が続かないでしょうね。

　話し方も大切ですよね。同じフレーズを言っていても，明るい感じがするか，楽しそうな感じがするか，一生懸命に考えているかどうかは口調として出てきますよね。

　だからね，先生は「隣の人に〜と言って聞いてみましょう」という「話しかけ方」は教えましたが，それが相手に「どう伝わるか」という部分についてはまだ教えていなかったかもしれません。

　人は，何かを言われた時に，「どう言われたか」も感じ取るものです。だから，伝える方は，「伝わり方」まで考えなければなりません。それが，今みんなが言ってくれたような体の向きだったり，アイコンタクトだったり，笑顔だったりします。

　経験として，「ごめん」と言われたのに，「本気じゃないじゃん！」と思ったことはありませんか？　ありますよね。言葉以上に別のものが伝わっているんです。だからね，友達と対話するにしても，普段遊んでいて声をかけるにしても，よかれと思ってする注意も，全て自分中心に考えてしまうとそれは相手に伝わります。いつでも相手のことを大事にして，「どう受け取られるかな」と考えていくことが大切なのですね。

実るほど頭を垂れる稲穂かな

 成長することの謙虚さを考えさせたい

　子どもたちや教室が育っていく時，そこに謙虚さが伴っていくように感じます。

　しかし，100点を取って周りに自慢したり，足が速いことを使って相手のことを無下にしたりする場合もあります。

　それらは，確かに知識の定着レベルが高かったり，技能的には優れていたりすると言える反面，どこか本当の意味で成長とは何かを考えさせてくれるシーンでもあります。

　何のために成長するのか，どうあることが本当の成長なのかを子どもたちと考えていきたいものです。

 トークポイント

　学校生活の多くが授業です。1日の半分以上は勉強していると言えます。

　しかし，何のために勉強するかを語れる子どもは少ないと感じます。

　そこで，「人にひけらかすためか？」「自慢したりディスったりするためか？」という逆の切り口から話を進めるようにします。

　その中で，「人に優しくなるため」「向上心を保ち続けるため」のような目的に立ち返って考えていくようにするとよいでしょう。

「実るほど頭を垂れる稲穂かな」という言葉を知っていますか？　辞書で調べてみましょう。（数人の子とやりとりをする）

そうですね。辞書によって様々な意味がありましたが，成長すればするほど謙虚になっていくということですね。

先生は，これを人に優しくなっていく，思いやりの気持ちが強くなっていくことだと解釈しています。

例えば，100点を取る力がつけば，友達に教えてあげることができますよね。これは，相手が困っていたりわからなかったりする気持ちが理解できるからできる行為です。自分が100点を取ったことを自慢するのではなく，取れなかった理由に寄り添い，一緒に成長しようという気持ちが芽生えているのだと思います。

例えば，マラソンが速ければ，苦手な人へ応援する時間が生まれます。まだ走っている人を見て，茶化したりバカにしたりするための時間にしないはずなのです。

逆に，教わる人は素直に「ありがとう」と言うかもしれないし，応援される人はそれを力に変えて頑張るでしょう。そうやって，お互いが成長していくことで，思いやりや優しさ，素直さが見えるようになってきます。

実は，稲穂も同じで，日の光や水を受け，雨風に耐え，中身のギュッと詰まったお米になっていきます。重みのある，ぎっしりとした頭（こうべ）は自然に下がりますね。（黒板にイラストを描くとわかりやすい）

つまり頭を下げるということは，人として礼儀正しさをもち合わせているとも捉えることができるのですね。

100点ばかり，1位ばかりを目指して相手を蹴落とすような教室では，こんな稲穂は育たないかもしれません。

いつでも，稲穂のような心を育てていきたいですね。

残心

 活動の終え方や，そのあり方について考えさせたい

よく「家に帰るまでが遠足ですよ」というフレーズで子どもたちを指導することがあります。最後まで気を抜かないこと，疲れていても最後までやりきることの大切さを説いているように感じます。

日常的な指導で言えば，給食，掃除，書写，図工などの場面でも同じような指導をしていることがあります。

子どもたちにとっては「活動」がメインであって，その前後に自然に注意が向くことはありません。**準備や片付けまで意識付けたい**と考えています。

 トークポイント

例えば，掃除の後の掃除用具入れや雑巾のかけ方で掃除がどうだったかを感じることができます。片付けられた給食後の食器や配膳台を見れば，その様子が伝わってくるでしょう。図工の後の机の周りを見れば，その子の心が一目瞭然で，書写の後のごみ箱や水回りにはその全てが表れていると言ってよいでしょう。

活動後には心が残る。この意識を子どもたちに教え，片付けたりその場を後にしたりする意味を考えるようにさせます。

もともとは剣道などの教えにあるような言葉ですが，「余韻」と同じような感覚で使っていくようにします。

（修学旅行の夕飯を食べた後，ごちそうさまのあいさつの前に話したことです）

みなさん，ご飯はおいしかったですか？　お腹いっぱい食べましたか？よかったですね。先生も満足しています。

それで，１つ話があります。「残心」ということです。みなさんは漢字が頭に思い浮かびますか？　そうですね。「残す心」と書いて「残心」ですね。イメージできましたか？

人の行動には必ず心が見えます。心が残っているものです。今食事をして満足した君たちは，自分たちの満足の状態がテーブルに残っていると思います。同じように，こうした食事を用意してくれたホテルの方々への感謝の気持ちがあれば，食事会場を後にしたみんなのテーブルにその心が残っているはずです。あ，もうお皿を重ね始めた人がいるのですが最後まで聞いてくださいね。重ねてよいかどうかはホテルの人に聞いてみるからね。ありがとう。

同じように，明日の朝，朝食の後もその心が残っているし，ホテルを後にする時の部屋にもその心が残っています。

焦って荷物整理をした部屋はきちんと片付けができていないだろうし，枕やシーツを丁寧に整えた部屋には落ち着きと丁寧さが残っていると思います。水道周りの様子や濡れたタオルの始末，ごみ箱周りなどにも，あなた方の心が残っているはずです。

今は，夕食の後片付けについて言っているのですが，部屋のことも，バスのことも，全て含めて「心を残しておく必要がある」と伝えたくてお話をしました。

では，「おいしかったです！」「ありがとうございました！」の心を残して食事会場を後にしたいと思います。

５分後にあいさつをしたいと思います。それぞれ心を見せてください。

あいさつは先手

 自分から歩み寄る大切さに気づかせたい

よく見る「あいさつ」の指導に，「あ…相手を見て」「い…いつでも」「さ…先に」「つ…常に」という「あいうえお作文」があります。

しかし，こうした指導を掲げているにもかかわらず，「あいさつをする児童が減っている」という実態があるのはなぜでしょうか。また，地域の交通安全指導の記録においても，「あいさつを返してくれる子が少ない」というコメントを見る度に不思議な気持ちになります。あいさつをするのは，大人のためでもなく，返すためでもありません。子どもたちには，**「あいさつで自分の居心地をつくっていくのだ」**と気づかせたいと考えて指導しています。

 トークポイント

言い方は悪いのですが，先にあいさつをすることで先手を打つことができます。受けの姿勢ではなく，攻めの姿勢になるのです。「先に話しかけた」という事実が，次のコミュニケーションの一歩になります。

また，あいさつをしておくことで，その場に対する居心地が生まれます。居心地が悪いと感じる人は，きっとあいさつもうまくできていないのかもしれません。**「おはようございます」や「こんにちは」と言うことで，実は自分のポジショニングを決めている**のです。その安心感を自分で生み出せるように促します。

みなさんは，あいさつを先にする方ですか？ それとも言われたら返す方ですか？（数人の子とやりとりをする）

そうですか。人それぞれですよね。それに，「気がつかなかった」という意見もありましたね。そういう場面もあるかもしれませんね。

先生は，やっぱりあいさつは先にしたい派ですね。もちろん，先にされたからと言って返さないわけじゃないし，あいさつはします。でも，先に言えたら言いたいと思っています。

それはね，自分の居場所をきちんと自分で決めたいからです。お客さんだったらいいと思うんです。あいさつしてもらってから返す，で。

でも，自分の教室でしょ？ 自分の居場所はここじゃないですか？ そこで生活していくのは自分なのだから，自分からみんなにあいさつすることで「ここは自分の居場所だ」って示したいんです。先生はね。

するとね，先にあいさつしてくれる人に出会うと，「この人，この場所を大事にしているんだ」って思うのね。だからさ，毎日Aさんって教室に入ってくる時めっちゃあいさつするでしょ？ それを聞いていて「あいさつできていいなあ」みたいなところで終わらないんです。Aさんはきっと，この教室を大事にしているし，この教室の一員として責任を果たしているとさえ思ってしまうんですね。たかがあいさつなんだけどね。

これがさ，学校内でできるということは，学校を大切にしているということ。地域でできるということは，地域が自分の居場所だと伝えていることになるんですよね。

みんながそうなったらね，きっといい教室になると思うんですよね。みんなが先手を打ち合う教室って，笑顔があふれていると思いませんか？

あいさつを先にする意味って，こういうことなんですよ。それぞれがあいさつを通して，よい教室や学校や地域をつくっていけることなんです。

まず，「いいね」

 否定的な態度を取らせないようにしたい

これまで，多くの授業研を見せていただきました。そんな中で，印象に強く残っていることがあります。それは，「いいですか」「いいです」というやりとりです。これは，逆に考えると，「よくない」意見に対して「違います」「他にあります」というリアクションが飛ぶことになります。

しかし，このやりとりは教室に「正解主義」を生んでしまうと考えています。間違いには否定的なリアクションをしてもよいのだと子どもたちに学ばせてしまうからです。

教室は，基本的に肯定的な場所でありたいと考えています。

 トークポイント

よく，心が変われば行動が変わると言います。気持ちのもちようで行動はどうにでも変化させられるという意味だと捉えています。「能動的学習者」という言葉も，きっと内発的な動機付けによる主体的な学習者の姿をイメージしているのだと思います。

しかし，**行動が心を変えていく場合もある**と私は考えています。

つまりここでは，まず「いいね」と言うリアクションを口癖にしていくことが大切なのです。「いいね」と言えば，自ずと「何が」と考えるようになります。その思考過程を子どもたちと共有するようにしてみましょう。

　今のAさんの発言のよかったところが言える人，いますか？　あれ？　聞いていませんでしたか？（数人の子とやりとりをする）

　Aさん，もう一度言ってもらってもよいですか？　はい，ありがとうございます。では，Aさんの発言のよかったところはありますか？

　そうですよね。声が大きかった。最後まで言っていた。みんなの方を見ていた。全てよかったところですよね。

　先生は，真っ先に手を挙げてくれたこと。チャレンジしてくれたこと。もう一度言ってくれたこともよかったところだなと思います。

　でも，どうでしょう。答えとしては何か言いたいことはありますか？

　そうですよね。確かに違いますよね。違うと言うよりは，惜しい。もう一息という感じでしょうか。

　でも，この1回で正解が出ない感じもいいですよね。みんなで考え直すことができます。いいですよね。どこが違ったんだろう，何が足りなかったんだろうと考えることができます。いいですよね。Aさんのおかげで賢くなれそうですよね。

　こういうのを，学んでいると言いますね。友達の発言があった時，「いいでーす」「同じでーす」「違いまーす」と終わらせない。どうしてそうなったのだろう？　どうすれば正しくできるのかな？と考え，友達の意見のよさとか，きっかけを大切にしていく姿勢が大事なんですよね。

　誰が何を言おうと，まず「いいね」と言うこと。これが大事なんですよね。

　お互いに「違います」と言い合っていたら，安心してものが言えなくなります。言おうとも思わなくなります。みんなの言うこと，することに，まず「いいね」と言うこと。そして，そこからどんな価値があるのか，意味があるのかを考えていくこと。

　そうして，自分の心を磨いていけるようになりましょうね。

気丈に振る舞う

 教室での感情の出し方や振る舞いについて考えさせたい

　教室には，たくさんの喜怒哀楽が存在しています。子どもたちが子どもたちらしく過ごしていくということは，感情を共有していくことなのだと感じています。

　しかし，負の感情に関しては，その表出のさせ方を間違ってはいけないのではないかと感じることもあります。周りに当たり散らしてよいわけではないからです。ただ，そうすると，多くの教室ではネガティブな感情の行き場がなくなってしまうように感じます。「我慢する」や「泣き寝入り」に着地してしまい，どうも不満が残ってしまうように思えるからです。

　子どもたちには，負の感情のコントロールもさせていきたいと考えています。

 トークポイント

　子どもたちは，ネガティブな感情を我慢するような，いわゆる「涙をのむ」場面を少なからず経験してきているはずです。しかし，それを「よく我慢したね」「よく切り替えたね」「偉いね」と着地させるだけでは，子どもたちは「感情を押し殺す」経験を積むだけです。**一回落ち着いて考え，感情的にならない振る舞いが大切であることを価値付け，教室にシェアしていく**ようにしましょう。

　ええと，昼休みが終わって帰ってきて，Ａさんの様子がちょっとおかしい
なと思った人，いますか？

　はい，ありがとうございます。気にしてくれて，うれしいですね。

　それで，先生もさっき話を聞いたんだけど，遊んでいる時にトラブルがあ
ったみたいなんですね。本人としては納得がいかなかった。不満があったよ
うなんです。

　でも偉いなって思いました。我慢しているんだなと思ったんです。授業が
始まった時は，先生も詳しくその理由がわかりませんでした。でも何かあっ
たんだろうなって思ってはいました。

　顔は不満そうだったけど，黙って教科書とノートを用意して，鉛筆を持っ
て書いて，隣の人と対話していました。

　隣のＢさん，Ａさんはどうでしたか？　イライラしていましたか？

　そうですよね。普通にしていましたよね。でも，心の中はモヤモヤしてい
たんだそうです。そういうＡさんをどう思いますか？

　そうですよね。すごいなって思いますよね。普通，納得がいかないことが
あれば周りにその怒りをぶつけているかもしれませんよね。

　でも，Ａさんはそうしなかった。きっと，こういう時に自分の感情任せに
振る舞ってはいけないってわかっていたんだと思います。

　こういう態度のことを，「気丈に振る舞う」って言うんですね。心がしっ
かりしている人が出せる態度のことですね。休み時間のことを授業にもち込
まない。授業は授業できちんとやる。マイナスの感情もコントロールしなが
ら自分の心を保てるということです。

　これは，普通できません。みんなのことや教室のことを考えているからで
きていることです。こういう人が教室に増えたら，もっともっと優しい教室
になるでしょうね。はい，じゃあＡさんに拍手。

ノーサイド

 授業の関係と友達関係は違うことを理解させたい

　ノーサイドとは，ラグビーにおける試合終了を宣言するために言われている言葉です。また，「試合が終了したら敵味方関係なく同じ仲間である」というスポーツ精神に基づいている言葉だとも言われています。

　教室にも，このノーサイドの精神が必要だと考えています。そうしなければ，健全に意見をぶつけ合える仲間にならないからです。

　変な友達意識だけが先行し，同じ意見に流され，違う立場になることを恐れるあまり，対話や議論が活発にならないのです。

　ノーサイドの精神を教え，本当の仲間は立場や意見に関係ないことを伝えたいと考えています。

 トークポイント

　いい意味でぶつかることを怖がってはいけない。そして，ぶつかることで確かな成長が生まれていく。むしろ，ぶつかった方がより強い関係性になっていく。そんなことを語っていくとよいでしょう。

　子どもたちは，仲間意識をもっています。しかし，それが健全なものかどうかはわかりません。だから，**よい関係性でこそ議論は白熱するし，対話が盛り上がることを伝え，ある種子どもたちを試す**ようにします。

　そこを乗り越えたら，学級としてのより強いつながりが期待できそうです。

　この問いに対して自分はどう思うか，ノートに○か×か書きなさい。

　はい，じゃあ聞きますが，本当に自分の考えをもって選んだ人？　はい，ありがとうございます。こうやって，自分の意思で決めることが大切になってくるんですよね。

　できるなら，普段仲のよい友達とは意見が割れた方がいい。そう思っているくらいです。なぜなら，仲のよい友達だからこそ立場が違えば話し合いが盛り上がるからです。逆に考えると，いい話し合いができれば，きっと仲良くなっていけるはずです。

　こういう，多数決にも似た選択を迫ると，どうしても友達の顔色を見て決める人が出てきます。そういう人は，もう勝負にすら参加していないような人です。

　やっぱり授業は意見と意見のぶつかり合いですから，自分の意見はきちんともっておいた方がいい。そう思います。そして，普段の関係とは別にして意見を戦わせた方がいいとも思います。

　みんなは，立場が違ったり，○か×かで勝敗がついたりすれば仲が悪くなりますか？　なりませんよね？　そうなることを考えて意見を出せないことの方が残念ですよね。

　もっと言うと，そういう立場の違いで悪くなってしまうくらいの仲なら，それは友達とは言えないかもしれません。

　ラグビーの試合終了のことを「ノーサイド」と言います。こっち側，あっち側という区別がないということです。つまり，コートの中はみんな仲間という意識です。敵味方関係なくなることを「ノーサイド」と言います。

　授業も同じです。○か×かは，あくまで立場です。その先にある，「みんな仲間」を目指したいですね。

　だから，これからも変に周りを気にせず，自分の考えを決めてくださいね。

一人でいる力

 堂々と一人で過ごせるような人に育てたい

子どもたちには，「みんなで遊んだら？」「外に行かないの？」「友達と助け合って…」などと言うことがあります。

しかし，同じくらい「一人でいる力」は大切だと思っています。

よく「すぐに隣の人に話しかける」「集中力が３分ももたない」ような子がいます。いい意味で捉えるなら社交性があるとか，コミュニケーション力が高いと言えそうですが，じっくり考えたり，悩み抜いたり，読書に没頭したりする力も育てたいと思います。

だからこそ，あえて，**積極的に一人の時間をつくれるという心も大切にしたい**のです。

 トークポイント

「一人だと不安」。そう感じる子は一定数いると思います。それゆえ，無理に合わせて一緒に過ごし，いつでもベタベタしている子が目につきます。休み時間の度に一緒になり，トイレも一緒に行くような関係です。

でも「独り」と「一人」は違うはずです。ちゃんと関係性があって，心でつながっている。その上で「一人」を選んで行動できる人が心の強い人なのだと伝えます。**誰とでも仲良くできることと同時に，いつでも一人になれることの価値も伝えていく**とよいでしょう。

　この教室を見ていると，みんな仲がいいなあって思います。休み時間も和やかだし，和気藹々としているからです。とっても雰囲気がいいなと思って見ています。

　でも，もしこの教室をもう少しレベルアップさせたいと思うなら，「一人になれる人」が増えるといいなと考えています。もう少し具体的に言えば「一人で行動できる人」でしょうか。

　例えば，５分休憩の度に友達としゃべっている。それ自体は悪いことではないのですが，授業準備はどうしたのかなと思うこともあります。そんな中，Aさんは一人で用意をして授業開始を待っています。

　Bさんは，授業が終わるとすぐに水分補給をしたり，サッと教室を出てトイレに行ったりしているようです。これもまた，一人で行動する力でしょう。

　本来，みんなが仲良く遊ぶのは業間休みや昼休みの時間です。あとは授業。だから，５分休憩などは一人で行動できたらいいですよね。そうすれば授業の時間がきちんと確保できます。すると，授業中の対話の時間や話し合いの場面がたくさん生み出せます。

　普段から仲のよいみんなですから，こうした時間が増えたらもっと交流が活発になり，学習内容も定着していく。もちろん，仲も強くなる。いいことだらけですね。

　だからこそ，「一人でいる力」を身につけてほしいんです。これは，テストが終わった後の時間の使い方でも言えます。すぐにひそひそと話をする人もいますし，席を離れて友達のところへ近づいていく人もいます。

　こういう，「一人になれない人」からは卒業したいと思います。本当によい学級は，一人になれる人がたくさんいるはずです。

　この学級の仲のよさをそのままに，でももっと強い学級集団にしていくために，一人でいられる力を身につけていきましょう。

張り切る

 どんな時でも無邪気に頑張れる子に育てたい

高学年に進むに従って，「目立ちたくない」「人目に触れずに過ごそう」と思う子が増えているように感じます。「なんで私なんですか？」「俺だけですか？」というリアクションが多いからです。

しかし，学級の雰囲気をよくしていくために必要であれば，「やらなければならない」と割り切って張り切ることが重要だと思います。

その場の空気を自分たちでつくっていける子どもたちにしたいと考えているからです。そんな教室にはきっと，子どもたちの無邪気さがあふれているでしょう。

 トークポイント

人前に出てこそ成長できることがある。そういうマインドを大切にさせたいと考えています。

しかし，人前に出ることは勇気のいることですから，いざ実行に移そうとすると，気持ちが負けてしまいそうになることがあります。

だからこそ，**勇気を振り絞るという意味でも「張り切る」という言葉を使って自ら奮い立たせる**ようにさせます。

また，そういう心構えや行動は，学級全体の空気をつくっていく重要な役割であることを伝えるとよいでしょう。

　はい，じゃあこの列の人は立ちましょう。これから自分の意見を述べてもらいたいと思います。（全体的にやらされ感が漂っている）

　教室で過ごしているということは，一人一人が教室の空気をつくっているということでもあります。今，先生はこの列の人たちを指名して立たせました。少し，「え〜，まじか〜」という雰囲気が漂っています。

　でも，やめません。それは，「よし，やるぞ！」という気持ちを自分で出してほしいと考えているからです。

　人前に立つということは，どうしたって目立ってしまうことです。そんな中で何かを言うということは，勇気がいることです。そんな自分から逃げたくなるから，小声で言ってすぐに座ったり，「わかりません」と言って逃げようとしたりします。

　そして，「もうやりたくない」という雰囲気を出してしまいます。どうでしょう。そういう態度は学級にとってよい影響を与えるでしょうか。与えませんよね。

　では，どうしたらよいか。簡単です。「張り切る」ことです。「よし，やるぞ！」とチャンスをつかむつもりで，無理にでも元気を出して頑張るのです。そうすれば，学級にはよい影響が広がります。「私もやらなきゃな」とか「笑顔が見えたな」とか「あいつ頑張っているな」と感じますよね。

　そうやって，パフォーマンス的にでもやってくれたら，学級にとってもあなた自身にとっても素敵な時間になりませんか？

　そして，「無邪気」にやったり，「見せる」ようにしたりすれば，それがいつか本当の自分になっていくはずです。

　はい，じゃあ，もう逃げられません。よい意味であきらめて迎えうって，発表します。張り切っていきましょう。はい，前の人からどうぞ。

アシスト

 誰かばかりが目立つような教室にはしたくない

　全員が主人公の教室を目指したいと思っています。一人一人が，それぞれの物語の中で成長していけたら，こんなに素敵なことはないと考えています。

　しかし，30人を常に目立たせていくことは不可能に近いですし，誰かばかりが目立っているような教室も避けたいと考えています。

　また，教師ばかりが全員に目を向け続け，余すことなくその物語を記録していくことも厳しいのではないかと感じています。

　もちろん，できる限り眼差しを向け続けていきますが，子ども同士がつながっていけばそんなことも可能になるのではないかと考えています。

 トークポイント

　子どもたちには，スポーツにたとえて話していくようにします。バスケでもサッカーでも野球でも，得点を競うことで勝敗が決まります。そして，誰もが得点を取りたいと思うことは自然なことです。

　しかし，チーム戦に関しては，全員が得点できるとは限らないことも伝えます。守備に徹する人もいれば，パスに専念する人もいるからです。

　教室でも，発言する人が1人いれば，聞き役に徹してくれる仲間がいます。そういうアシストを「おかげさま」と思えば，アシストにもゴールと同じくらいの価値が生まれます。誰だって主人公になれる可能性が高まるのです。

　サッカーで言えばゴールの前のラストパスのことをアシストと呼びます。バスケで言えばポイントガードがアシストしてセンターが点を決めるというイメージです。バレーボールならセッターのトスがアシストになりますし，野球だとバントで２塁に進めてあげるのがアシストかもしれません。

　つまり，シュートを決めたり，自分が目立ったりすることとは違う，仲間を引き立たせることを「アシスト」と言ってよいかもしれませんね。

　教室ではどうでしょうか。発言する人がいれば，多くの人は聞き手に回りますね。聞き手がよければ話し手も頑張れますが，聞き手の質が低いと「ゴール」はできないかもしれませんね。よいパスがよい発言を生みますから。

　質問を投げかけてあげるのもよいアシストですよね。それによって相手の意見が引き出されるのであれば，ゴール以上に価値があるかもしれません。

　掃除の時もそうです。例えば，みんなは雑巾をやりたがらない場合があります。でも，ほうきの後に雑巾で仕上げることによって，掃除の質はぐんと高まります。雑巾によってほうきが引き立てられると考えられます。

　給食もそうですよね。作ってくれる給食センターの方がいて，それを盛りつけてくれる給食当番がいて，それを食べることができる。そう思えば，たくさんのアシストがあって今があると思えませんか？

　人は，どうしても主役になりたいと思うことがあります。「自分が！　自分が！」とゴールを決めたくて仕方がないのです。でも，教室では30人が過ごしていますから，いつも主役でいるのは難しいことです。

　さて，今話してきたようにアシストもゴールと同じくらいの価値があります。そして，ゴールを増やしたいならアシストを増やす必要があります。どうですか？　みんなでアシストができる教室にしませんか。お互いに相手にラストパスをつなげるようになれば，きっとみんなで引き立て合える教室になっていけるでしょう。

おわりに

　教室において，「子どもたちは子どもたちだけ」で育っていくでしょうか。「子どもたちは子どもたちだけ」で成長していくでしょうか。担任は必要でしょうか。不必要でしょうか。教師が教室にいる意味は何でしょうか。

　みなさんはどうお考えになりますか。

　私は，子どもたちだけで成長していくことは難しいと考えています。ゆえに，担任や教師は必要だと思います。

　では，なぜ担任や教師が必要なのでしょうか。担任の役割は何でしょうか。

　もしかしたら，教室に「トーク」が必要だからかもしれません。子どもたちと向き合う必要があるからかもしれません。

　子どもたちに面と向かって話したり，心に染み渡るように語り聞かせたり，パフォーマンス豊かにメッセージを伝え続けたりする必要があるからではないでしょうか。

　教師の思いを子どもたち一人一人の心に届け，学級全体の士気を高め，個と集団がともに育っていく土壌を生み出す必要があるからではないでしょうか。そう考えると，どんな言葉をどんな期待を込めて話していくかは，教室においてかなり重要になってくると考えられます。

　それは，AI には代わることのできない，我々教師だからこそ生み出すことのできる時間であり，その教室の担任にしかできないトークであると信じています。

　そんなこともあり，私は，教室でどんな話をしてきたかを記録するようにしてきました。

　2022年度は，２学期末の段階（2022年12月23日時点）で592個の言葉を記録していました。みなさんは，この約600個という数字を多く感じますか。それとも少なく感じますか。

例えば，年間の登校日数が200日程度だとします。朝，日中，帰りに１つずつお話をするだけで，200×3＝600となります。１日に３回お話をするだけで，600という数字に手が届きそうな気がしてきませんか？

　こう考えると，多くもなく少なくもない，当たり前に生活していれば自然に到達できる数に思えてきます。

　きっと，先生方は無意識のうちに毎日「トーク」を教室で繰り広げているはずです。可能であれば，少しだけ意識して，日々どんな話をしてきたか記録してみてください。教室が一気に変わっていくと思います。

　ありがたいことに，「子どもたちが変わってきたね」「古舘さんの学級は育っているね」「うちの子，本当に変わったんです」「古舘先生の学級はどうしたらこんなに育つのですか？」と言っていただける機会があります。

　同僚や管理職の先生，保護者や毎年学級を訪れる方々からの言葉です。

　本当にありがたい言葉で，そのまま子どもたちに贈りたい言葉です。なぜなら，成長したのは子どもたち自身であり，子どもたちの力があってこそ育っているからです。

　そんな温かい言葉をいただく度に，もしかしたら教室で語り聞かせていること，そのメッセージなどがもっと多くの教室に必要なのかもしれないと考えることがあります。

　ぜひ，本書をお読みになった先生方の教室で，たくさんのトークが繰り広げられることを願っていますし，本書がその一助となれば幸いです。

　最後までお読みいただき，ありがとうございました。

著者　古舘　良純

【著者紹介】

古舘 良純（ふるだて よしずみ）

1983年岩手県生まれ。現在，岩手県花巻市の小学校勤務。平成29年度 教育弘済会千葉教育実践研究論文で「考え，議論する道徳授業の在り方」が最優秀賞を受賞。近隣の学校で校内研修（道徳）の講師を務めたり，初任者研修の一環等で道徳授業を公開したりしている。バラスーシ研究会，菊池道場岩手支部に所属し，菊池道場岩手支部長を務めている。

主な著書に『授業の腕をあげるちょこっとスキル』ほか「ちょこっと」シリーズ。『ミドルリーダーのマインドセット』ほか「マインドセット」シリーズがある（いずれも明治図書）。

学級経営サポートBOOKS

学級を育てるばっちりトーク

| 2023年5月初版第1刷刊 | ©著 者 | 古 舘 良 純 |
| 2024年1月初版第2刷刊 | 発行者 | 藤 原 光 政 |

発行所 明治図書出版株式会社
http://www.meijitosho.co.jp
（企画）佐藤智恵（校正）武藤亜子
〒114-0023 東京都北区滝野川7-46-1
振替00160-5-151318 電話03（5907）6703
ご注文窓口 電話03（5907）6668

＊検印省略

組版所 広 研 印 刷 株 式 会 社

Printed in Japan ISBN978-4-18-346821-5

もれなくクーポンがもらえる！読者アンケートはこちらから